Maxi Wissen für coole Minis

Anneliese Hück

Maxi Wissen für coole Minis

So geht ministrieren

Schwabenverlag

VERLAGSGRUPPE PATMOS

PATMOS
ESCHBACH
GRÜNEWALD
THORBECKE
SCHWABEN

Die Verlagsgruppe
mit Sinn für das Leben

Für die Schwabenverlag AG ist Nachhaltigkeit ein wichtiger Maßstab ihres
Handelns. Wir achten daher auf den Einsatz umweltschonender Ressourcen
und Materialien. Dieses Buch wurde auf FSC®-zertifiziertem Papier gedruckt.
FSC (Forest Stewardship Council®) ist eine nicht staatliche, gemeinnützige
Organisation, die sich für eine ökologische und sozial verantwortliche Nut-
zung der Wälder unserer Erde einsetzt.

2. Auflage 2013
Alle Rechte vorbehalten
© 2012 Schwabenverlag AG, Ostfildern
www.schwabenverlag-online.de
Erstmals 2012 mit gleichem Titel im Matthias Grünewald Verlag erschienen

Umschlaggestaltung: Finken & Bumiller, Stuttgart
Umschlagabbildung: Judith Friedrich
Druck: Himmer AG, Augsburg
Hergestellt in Deutschland
ISBN 978-3-7966-1633-4

Inhalt

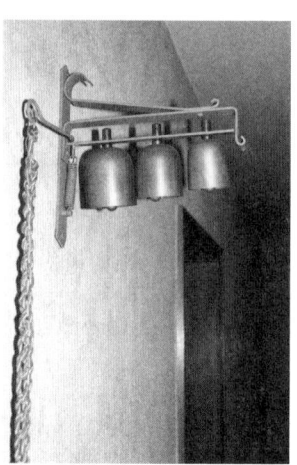

Hallo, liebe Ministrantin,
Hallo, lieber Ministrant,

ich rede dich einfach einmal so an, obwohl ich nicht weiß, ob du schon so richtig offiziell in die Ministrantengruppe aufgenommen worden bist und vielleicht sogar schon einige Zeit dienst. Vielleicht bist du aber auch gerade dabei, dich auf deinen Dienst vorzubereiten.

Auf jeden Fall freue ich mich für dich, dass du dich für den Ministrantendienst entschieden hast. Es ist ja nicht nur das Dienen bei der Messe oder bei anderen Gottesdiensten. Es macht auch Spaß, zu den Gruppenstunden zu gehen und mit den anderen etwas zu unternehmen. Ein Christ oder eine Christin zu sein, das hat immer etwas mit Gemeinschaft zu tun. Das merkt ihr gerade auch im Gottesdienst. Hier gehört jeder dazu, und jeder hat seine Aufgabe: der Pfarrer, der Küster oder die Küsterin, die Kommunionhelfer, ihr als Minis, aber auch alle, die mitbeten und mitsingen.

Dabei ist es ganz wichtig, dass man Bescheid weiß, worum es eigentlich geht. Das gilt eigentlich für alles, was man macht, also auch hier. Du solltest zum Beispiel wissen, was es bedeutet, wenn du die Gaben zum Altar bringst, du dich niederkniest, oder warum man manchmal Weihrauch verwendet. Dieses Buch möchte dir helfen, den Gottesdienst und deinen Dienst besser zu verstehen.

Ab und zu findest du auch Quizfragen und Rätsel. Wenn du schon etwas Bescheid weißt, kannst du versuchen, sie zu lösen, bevor du das dazugehörige Kapitel im Buch liest. Ansonsten lies zuerst nach, dann wirst du sicher die Lösung finden. Am Ende des Buches kannst du nachsehen, ob du recht hattest.

Dort gibt es auch ein kleines Lexikon für dich. Es enthält zunächst die wichtigsten Wörter, die im Buch vorkommen, mit den Seiten, wo du etwas darüber findest. Aber es sind dort auch viele Wörter erklärt, die du vielleicht noch nicht kennst.

Nun wünsche ich dir viel Spaß mit diesem Buch und viel Freude beim Ministrieren.

Anneliese Hück

Wo Christen sich versammeln – Die Kirche

Eigentlich hätte ich statt »Kirche« »Kirchenraum« schreiben müssen. Denn Kirche sagt man ja nicht nur zu dem Gebäude. Wir sagen auch: »Wir gehen zur Kirche« und meinen damit den Gottesdienst oder genauer: die Versammlung der Christen, die sich zum Gottesdienst treffen. Das Wort »Kirche« hat also zwei Bedeutungen. Zum einen meint es den Kirchenraum, zum anderen sind es die Menschen, die zu einer Kirche gehören. In den mitteleuropäischen Ländern ist dies meistens die katholische oder die evangelische Kirche. Du verstehst: Wir alle sind also »Kirche«.

Seit es Christen gibt, haben sie sich versammelt, um Mahl zu halten, wie Jesus es mit seinen Freunden beim letzten Abendmahl tat. Zur Zeit der Bibel geschah dies meist in den Häusern der Christen. Erst später, als es immer mehr Christen gab und sie auch keine Angst mehr haben mussten, verfolgt zu werden, baute man Kathedralen und Kirchen. Zuerst war also die Versammlung, dann das Gotteshaus. So sagt man ebenfalls zum Kirchengebäude.

Überlege einmal, wie viele verschiedene Kirchen du kennst. Sicher hast du auch mit deinen Eltern schon die eine oder andere besichtigt. Da kommt bestimmt eine ansehnliche Zahl zusammen! Wie du weißt, können Kirchen außen und innen sehr verschieden aussehen. Es gibt große und reich ausgestattete Kirchen und Kathedralen, kleine und schlichte Dorfkirchen und neue, moderne Gotteshäuser. Besondere Spezialisten können dir bereits beim Anschauen einer Kirche ungefähr sagen, aus welcher Zeit sie stammt.

Ein Gang durch den Kirchenraum

Doch trotz der vielen Unterschiede gibt es Gegenstände, die du in jedem Gotteshaus findest.

Da ist zunächst der **Altar**. Der Name kommt vom lateinischen Wort »altus«. Das heißt so viel wie hoch und erhaben. Und tatsächlich steht der Altar häufig in der Kirche etwas höher. Er bildet den Mittelpunkt des Kirchenraums. Jeder, der in eine Kirche kommt, sieht sofort, dass der Altar einen besonderen Platz einnimmt. Bänke oder Stühle sind auf ihn hin ausgerichtet.

Der Altar sieht aus wie ein Tisch. Er ist gedeckt mit einem Tischtuch, das man Altartuch nennt, mit Kerzen und meist auch mit Blumen. Wir versammeln uns um den Altar, um Mahl zu halten, um Eucharistie zu feiern, so wie Jesus es uns aufgetragen hat.

Man nennt den Altar deshalb auch manchmal »Tisch des Brotes«. Daneben gibt es auch einen »Tisch des Wortes«: den **Ambo**. Am Ambo wird das Wort Gottes, die Lesungen und das Evangelium, verkündet und in der Predigt ausgelegt. Im Altarraum oder auch auf dem Altar findest du ein **Kreuz**, das Zeichen für Christus.

Im Altarraum stehen auch die Sitze für den Priester, für Messdienerinnen und Messdiener oder sonstige Helfer. Man nennt diese besonderen Sitze Sedilien.

Die Kredenz ist für deinen Ministrantendienst sehr wichtig. Auf diesem Tisch oder dieser Ablage werden die Geräte für die Gabenbereitung bereitgestellt.

Der Tabernakel (aus dem Lateinischen: tabernaculum = Zelt oder kleine Hütte) ist ein wertvoll verziertes Häuschen und wirkt wie ein kleiner Panzerschrank oder wie eine Schatztruhe. Und tatsächlich, in ihm ist etwas ganz Wertvolles: das verwandelte Brot. Der merkwürdige Name hat mit der Bundeslade der Israeliten zur Zeit des Mose zu tun. Die Bundeslade war Zeichen der Gegenwart Gottes und des Bundes, den Gott mit Mose geschlossen hatte. Sie wurde von den Juden in einem Zelt mitgeführt. In den Gestalten von Brot und Wein ist Christus zum Zeichen für Gottes neuen Bund mit den Menschen geworden. Gott ist uns dadurch besonders nah.

Im Tabernakel wird auch die große Hostie aufbewahrt, die bei Andachten und Prozessionen, zum Beispiel an Fronleichnam, in der Monstranz gezeigt wird. Außerdem werden nach dem Kommunionempfang dort Hostien aufbewahrt, um den Kranken und Sterbenden jederzeit den Leib des Herrn bringen zu können. Achte einmal darauf: Wenn der Priester oder eine Kommunionhelferin zum Tabernakel geht, um daraus die Hostien zu holen, macht er oder sie eine Kniebeuge. Auch die Kniebeuge der Einziehenden zu Beginn der Messe zeigt unsere Verehrung.

Selbst wenn du den Tabernakel einmal nicht auf Anhieb erkennen würdest, es gibt noch etwas, was auf das heilige Brot in ihm hinweist: das Ewige Licht. Die meist rote Lampe will uns sagen, dass Christus, das Licht der Welt, uns hier besonders nahe ist.

Am Eingang der Kirche ist ein Weihwasserbecken angebracht. Bei der Taufe wurdest du ja vom Priester oder Diakon mit Weihwasser übergossen. Wenn du jetzt beim Eintreten in die Kirche mit Weihwasser ein Kreuzzeichen machst, erinnert das an deine Taufe.

Auch ein Taufbecken oder einen Taufbrunnen wirst du in der Kirche entdecken. Hier versammeln sich die Freunde und Angehörigen, wenn ein Kind, ein Jugendlicher oder Erwachsener getauft wird.

Vor allem in älteren Kirchen kannst du an der Seite Beichtstühle sehen. Ob sie noch benutzt werden, hängt auch davon ab, welche sonstigen Möglichkeiten es zum Beichtgespräch gibt. Häufig ist in oder bei der Kirche ein sogenanntes Seelsorge- oder Beichtzimmer eingerichtet, das sich für ein Gespräch meist besser eignet.

In fast allen katholischen Kirchen findet man auch eine Marienfigur und Heiligenfiguren, darunter oft auch eine Darstellung des Kirchenpatrons. Weißt du, welcher oder welche Heilige eurer Kirche den Namen gab?

Was gibt es sonst in einer Kirche noch zu entdecken? Natürlich die Sitzbänke oder Stühle, das ist klar. Dann die Orgel, die bei den meisten Gottesdiensten die Feier verschönt und das Singen erleichtert. Wenn du großes Glück hast, kannst du vielleicht auch einmal den Glockenstuhl ansehen. Den gibt es allerdings nicht mehr in allen Kirchen.

Schau dir einmal genau die Kirchenwände an, dann findest du dort 12 kleine Kreuze angebracht, dazu auch meist 12 Kerzenständer. Man nennt diese Kreuze Apostelkreuze, die Kerzenständer Apostelleuchter. Sie erinnern an den Tag der Weihe und an die Apostel als Fundament der Kirche.

In vielen Kirchen kannst du an den Wänden Bilder des Kreuzwegs sehen. (Genaueres findest du auf der Seite 62.)

So, jetzt hast du einen kurzen Rundgang durch die Kirche gemacht. Es ist eine erdachte Kirche mit all den Dingen und Gegenständen, die du in fast allen katholischen Kirchen finden kannst. Natürlich ist es spannender, wenn du einmal mit dem Küster/der Mesnerin, dem Pfarrer, eurem Oberministranten oder eurer Oberministrantin eine »Kirchenführung« durch *deine* Kirche machst. Oder hast du das alles schon bei deiner Erstkommunionvorbereitung erlebt, und was ich dir erzählt habe, war gar nicht neu für dich?

Messdienerinnen und Messdiener – Minister der besonderen Art

Vielleicht hat dich die Überschrift ein wenig überrascht. Das war natürlich Absicht. Aber wenn ich statt Messdiener Ministranten geschrieben hätte, wäre dir sicher aufgefallen: Die Wörter Minister und Ministrant sind sich sehr ähnlich. Und tatsächlich, auch wenn du als Ministrantin oder Ministrant nicht regierst und damit den Bürgern eines Landes »dienst«: Beide Begriffe kommen von dem lateinischen Wort »ministrare« her und bedeuten so viel wie »dienen« oder »der Dienende«. Du bist also ein kleiner Minister für die Messe – oder eben ein Messdiener, eine Messdienerin. Viele Wörter, die mit Kirche und

Gottesdienst zu tun haben, kommen aus dem Lateinischen. Für die allermeisten Dinge gibt es auch ein gebräuchliches deutsches Wort. Manches Mal habe ich das lateinische Wort in Klammern dazugeschrieben oder du findest es ganz hinten im Buch bei den »Worterklärungen«. An den vielen lateinischen Wörtern kann man bereits erkennen, dass es in den Gottesdiensten schon eine Menge Dinge sehr lange gibt, denn Latein war die Sprache der Römer.

Eigentlich gibt es den Ministrantendienst aber noch länger, nämlich seit es überhaupt Gottesdienste gibt. Bereits in der Zeit des Alten Testaments gab es einen ganzen Stamm im Volk Israel, der für den Dienst beim Tempelgottesdienst ausgewählt war, und zur Zeit Jesu gab es Synagogendiener – Synagoge nennt man das Gotteshaus der Juden.

Bei den ersten Christen wurden sehr bald Helfer für den Dienst am Tisch ausgewählt, die Diakone. Als die Gemeinden dann immer größer wurden und man Kirchen baute, wurden auch noch andere Helfer im Gottesdienst benötigt.

Viele Jahrhunderte gab es nur Jungen, die als Ministranten am Altar standen, und auch der Dienst selbst war nicht immer gleich. Heute ist es zumindest im deutschsprachigen Raum selbstverständlich, dass Jungen und Mädchen ministrieren. Und in vielen Gemeinden gibt es inzwischen sogar mehr Mädchen als Jungen, die dienen.

Was genau alles zum Ministrantendienst gehört und bei welchen Gelegenheiten du als Messdienerin oder Messdiener gefragt bist, kannst du in diesem Buch erfahren. Es ist eine interessante und spannende Aufgabe, und je mehr du davon verstehst, desto besser kannst du den Dienst ausüben.

Zunächst möchte ich dir die verschiedenen Dienste vorstellen. Manche Aufgabe ist beliebter als andere, aber alles gehört zum Ministrieren dazu – und jede Aufgabe ist wichtig. Ich schreibe in Klammern die griechischen oder lateinischen Namen dazu, damit sie dir nicht ganz unbekannt sind, wenn du sie einmal hören solltest. Aber wichtiger ist, dass du die verschiedenen Aufgaben kennst.

Der Dienst bei der Gabenbereitung

Die Messdienerinnen und Messdiener, die bei der Gabenbereitung helfen (*Akolythen*, man spricht: Akolüten = Begleiter), bringen die Hostienschale, den Kelch sowie das Wasser- und Weinkännchen zum Altar. Sie reichen dem Priester Wasser und ein kleines Handtuch (Lavabotuch) zur Händewaschung. Nach der Kommunion reichen sie Wasser und eventuell Wein zur Reinigung der Geräte und bringen diese wieder zur Kredenz zurück.

Fackel- und Leuchterträger

Zwei Leuchterträger oder Leuchterträgerinnen (*Zeroferare*) treten zum Evangelium neben den Priester oder den Diakon an den Ambo. Nach der Gabenbereitung stellen sich bei feierlichen Gottesdiensten die Ministranten bis zu Beginn des Vaterunsers mit Kerzen um den Altar. Außerdem wird bei festlichen Gottesdiensten beim Ein- und Auszug das Vortragekreuz von zwei Leuchterträgern begleitet. Ebenso können – wie auch bei sonstigen Prozessionen – mehrere Flambeaus (sprich: Flambos), also Fackeln, mitgetragen werden.

Weihrauchfass und Schiffchen

Ein Ministrant oder eine Ministrantin trägt das Schiffchen mit den Weihrauchkörnern. Der Schiffchenträger (= *Navikular*)

reicht es dem Priester oder Diakon an, wenn dieser Weihrauch einlegen will. Er oder sie kann bei Bedarf auch selbst Weihrauch einlegen. Zu dem Schiffchen gehört ein kleiner Löffel, der am besten etwas herausschaut, damit man leichter nach ihm greifen kann.

Ein anderer Ministrant oder eine Ministrantin ist für das Weihrauchfass zuständig *(= Thuriferar)*. Er reicht dem Priester oder Diakon das Weihrauchfass. Und er inzensiert (= beweihräuchert) den Priester oder Diakon und nach der Gabenbereitung die Gemeinde. Auch bei der Wandlung oder beim sakramentalen Segen kann inzensiert werden.

Der Umgang mit dem Weihrauchfass ist nicht ganz einfach. Hier sollte am Anfang ein erfahrener Mini oder der Küster/die Küsterin helfen!

Kreuzträger

Bei feierlichen Gottesdiensten, etwa an Weihnachten oder Ostern, ziehen die Ministrantinnen und Ministranten mit dem Priester feierlich ein. Dabei wird oft das sogenannte Vortragekreuz mitgeführt und anschließend in einen Halter in der Nähe des Altars gesteckt.

Meistens ist das Kreuz ziemlich schwer und besonders bei Prozessionen ist der Weg manchmal lang. Deshalb wird man nicht gerade die jüngsten Ministranten für diesen Dienst auswählen.

Andere Aufgaben

Neben diesen Hauptaufgaben gibt es auch eine Reihe von anderen Diensten, die häufig oder immer mal wieder von Ministranten übernommen werden: etwa das Anreichen von Weihwassergefäß und Aspergill. Die Aufgaben können in den verschiedenen Gemeinden ganz unterschiedlich ausfallen: zum Beispiel während der Gabenbereitung entlang der Bänke gehen und das Geld, die Kollekte, einsammeln oder bei feierlichen Gottesdiensten oder Prozessionen eine Fahne tragen.

Außerdem sind zum Beispiel bei der Taufe, bei der Trauung und bei anderen Gelegenheiten die liturgischen Bücher so zu halten, dass der Zelebrant daraus lesen kann. Manchmal sind Lied- oder Gebetszettel auszuteilen, auch hier wäre es schön, wenn du dem Küster helfen könntest.

Nicht gleich am Anfang, aber vielleicht wenn du etwas älter bist, könntest du auch einmal den Dienst des Lektors oder der Lektorin übernehmen.

Du siehst, es gibt viel zu tun.

Die Messfeier – alt und immer wieder neu

Die Messe ist für Christen ganz wichtig. Das weißt du seit deiner Erstkommunionvorbereitung. Da hast du bereits eine Menge über die Messe erfahren. Und aus den Sonntagsgottesdiensten kennst du sicher auch schon einiges.

Mit dem nachfolgenden Rätsel kannst du prüfen, wie viel du bereits weißt. Wenn du noch nicht alle Fragen beantworten kannst – macht nichts! Lies einfach die nächsten Seiten und löse erst am Ende das Rätsel. Du wirst sehen: Es klappt!

Rätselecke: Weißt du Bescheid?

 *Beim Eintragen der richtigen Begriffe ergibt die senkrecht markierte Zeile einen liturgischen Gegenstand, der – zusammen mit einem zweiten – besonders bei feierlichen Gottesdiensten verwendet wird. (ä = ae; ü = ue)*

1. Über Brot und … spricht der Priester die Wandlungsworte.
2. Das bekannteste Gebet der Christen; man nennt es auch das Gebet des Herrn.
3. Es gibt vier davon: nach Matthäus, Markus, Lukas und Johannes.
4. Ein liturgisches Gefäß für die Hostien oder den Wein.
5. Auf Deutsch beginnt es: Herr, erbarme dich …
6. Der lateinische Anfang eines Lobliedes, das die Engel auf den Feldern von Bethlehem sangen.
7. Auch ein lateinischer Name. Wir sprechen das Gebet vor dem Kommunionempfang. Johannes der Täufer nannte Jesu so.
8. Eine Reinigungshandlung vor der Gabenbereitung. Hier sind die Minis besonders gefragt.
9. So nennt man den zweiten Hauptteil der Messe, dessen Höhepunkt das Hochgebet mit den Wandlungsworten ist.
10. Sie werden häufig vom Lektor oder der Lektorin vorgetragen. In ihnen kommen die Anliegen und Bitten der Gemeinde zum Ausdruck.
11. Bei diesem Teil der Messe bringen die Ministrantinnen und Ministranten Brot und Wein zum Altar.
12. Der Name für den Teil der Messe, in dem das Wort Gottes im Mittelpunkt steht.
13. Zum Schluss nochmals ein lateinischer Name: Er benennt einen Teil des eucharistischen Hochgebetes; auf Deutsch beginnt es: Heilig, heilig, heilig …

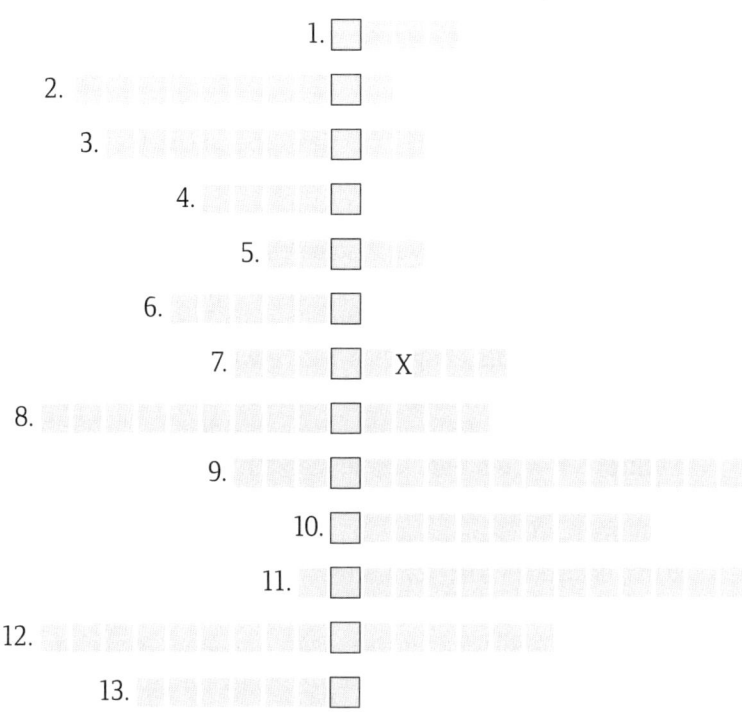

1. ☐
2. ☐
3. ☐
4. ☐
5. ☐
6. ☐
7. ☐ X
8. ☐
9. ☐
10. ☐
11. ☐
12. ☐
13. ☐

Der Ministrantendienst – ein Dienst unter vielen

Um ein cooles Fest oder eine Fete feiern zu können, ist vieles vorzubereiten. Von den Einladungen bis zum Tischdecken müssen eine Menge Dinge erledigt werden. Da ist es gut, wenn möglichst viele mithelfen. Aber mit der Vorbereitung wächst auch die Vorfreude, und oft macht sogar das gemeinsame Überlegen, das Planen und Besorgen wirklich Spaß. Und je mehr Gäste kommen, desto mehr Freude macht so ein Fest meistens. Auch beim Fest mit Jesus, bei der Messe, muss einiges vorbereitet werden, damit es ein wirkliches *Fest* wird. Und auch hier ist es schöner, wenn möglichst viele am Gottesdienst teilnehmen. Jeder ist wichtig, denn stell dir vor, niemand würde mitbeten oder mitsingen, keiner würde etwas zur Feier beitragen … Dann wäre es fast so wie vor langer Zeit bei einer Hochzeit:

Die Brautleute hatten nicht viel Geld, aber sie dachten, es wäre schön, wenn ihre Freundinnen und Freunde mitfeiern würden. Geteilte Freude ist ja doppelte Freude. Es sollte ein großes Fest werden, so beschlossen sie. Also baten sie, dass jeder der Gäste eine Flasche Wein mitbringt. Am Eingang würde ein großes Fass stehen, in das sie ihren Wein gießen könnten; und dann sollte jeder aus diesem großen Fass etwas zu trinken bekommen und froh und ausgelassen feiern. Als nun das Fest eröffnet wurde, gossen die Kellner den Wein aus dem Fass. Doch wie erschrocken waren alle, als sie merkten, dass es Wasser war. Versteinert saßen sie da, als sie begriffen, dass eben jeder gedacht hatte: Die Flasche Wasser, die ich hineingieße, wird niemand bemerken oder schmecken. Und nun wussten sie, alle hatten gedacht: Heute will ich mal auf Kosten der anderen feiern. Du kannst dir denken, dass jeder von ihnen am liebsten in den Boden versunken wäre vor Scham. Es wurde kein schönes Fest – ja eigentlich fand überhaupt kein Fest statt.

Es kommt in einer Gemeinschaft auf jeden an, auch auf dich und deinen Dienst als **Ministrantin** oder **Ministrant.**
Und du kennst bereits eine ganze Reihe von anderen, die bei der Messe mithelfen:
Da ist zunächst der **Küster** oder die **Küsterin**. Mancherorts sagt man auch **Mesner** und ganz offiziell heißt er **Sakristan**. Mit dem Küster habt ihr Minis eine ganze Menge zu tun. Sein Reich ist die Sakristei, er bereitet alles vor, was für die Messe, für den Gottesdienst oder die Feier der Sakramente benötigt wird. Und nach dem Gottesdienst bringt er die Gegenstände und die Geräte wieder zurück. Er schaut nach, dass alles sauber und in Ordnung ist. Er schließt die Kirche auf, läutet die Glocken und vieles mehr. Vielleicht bereitet dich der Küster oder

die Küsterin auch auf deinen Dienst vor? Auf jeden Fall bist du hier an der richtigen Adresse, wenn du Fragen hast und zum Beispiel einmal nicht mehr genau weißt, was wozu verwendet wird.

Der Priester leitet die Messe. Es ist in der Regel der Ortspfarrer oder ein Kaplan. Weißt du, was ein Kaplan ist? – Nach ihrer Weihe arbeiten die Priester zumeist einige Jahr als Kapläne mit einem Pfarrer zusammen, bevor sie dann eine eigene Pfarrei übernehmen.

Auch der Diakon wird vom Bischof für sein Amt geweiht. Vom Ursprung her liegt der Schwerpunkt seiner Arbeit besonders im Dienst an den Notleidenden. Vielleicht kennst du einen Diakon vom Religionsunterricht her? Beim Gottesdienst verkündet er das Evangelium und predigt. Aber er spendet beispielweise auch die Taufe, kann die Feier der Trauung leiten und beerdigen.

Der Organist ist für die musikalische Gestaltung des Gottesdienstes verantwortlich. In vielen Gemeinden gibt es auch einen Kirchenchor, eine Musikgruppe und vielleicht einen Jugend- oder Kinderchor, die bei besonderen Gottesdiensten mitwirken.

Der Lektor oder die Lektorin trägt im Gottesdienst die Lesungen vor; der Kantor oder die Kantorin singt den Antwortpsalm nach der Lesung, kann das Halleluja anstimmen oder auch die Vorsängerstimme übernehmen.

Und du hast das sicher schon erlebt: Kommunionhelferinnen und -helfer teilen die Kommunion aus.

Schön ist es, wenn es in eurer Gemeinde Gruppen interessierter Christen zur Gottesdienstvorbereitung gibt: Eltern, die helfen, Kindergottesdienste zu gestalten; Jugendliche, die Jugendgottesdienste vorbereiten; einen Liturgiekreis, der Vorschläge für die Gestaltung der Festtags- und Sonntagsgottesdienste macht und vielleicht auch Wort-Gottes-Feiern vorbereitet.

Eine Gemeinde braucht viele Helfer, auch für den Gottesdienst.

Wie es begann – Jesus feiert mit seinen Freunden ein besonderes Paschamahl

Du hast schon viel über Jesus gehört, wie er den Menschen Mut machte, ihnen half und ihnen von Gott erzählte. Und du hast auch schon von seinem letzten Mahl gehört. Man nennt es das Abendmahl. Als Jesus mit seinen Freunden das Abendmahl feierte, gab er ihnen den Auftrag: Tut dies zu meinem Gedächtnis. Was er damit meinte, konnten seine Freundinnen und Freunde eigentlich erst verstehen, nachdem er gestorben und auferstanden war. Seither feiern die Christen am Tag der Auferstehung, am Sonntag, ein Mahl, wie Jesus es ihnen vorgemacht hatte. Jeder Sonntag ist für Christen also wie ein kleines Osterfest.

Das Geheimnis von Brot und Wein

Jesus nahm damals *Brot und Wein,* dankte Gott und gab seinen Jüngern davon, und über Brot und Wein spricht der Priester seither die Worte Jesu.

Warum wohl Brot und Wein? *Brot* ist ein sogenanntes Grundnahrungsmittel; es ernährt die Menschen. Bis zum heutigen Tag ist es für Milliarden Menschen die wichtigste Nahrung überhaupt. Brot stillt unseren Hunger. Und auch wenn wir in Europa im Überfluss zu essen haben, dürfen wir dies nie ver-

gessen. Wenn Jesus sagt: »Ich bin das Brot des Lebens«, dann meint er damit: Ich möchte für euch wie Brot sein, ganz wichtig, lebenswichtig.

Der *Wein* ist nicht notwendig zum Leben wie Wasser. Wein, aus Trauben gemacht, trinken Menschen bei besonderen Gelegenheiten, bei einer Feier oder einem Fest. Wenn Jesus sich uns im Zeichen von Wein schenkt, dürfen wir wissen: Er will für uns mehr als nur das Notwendigste. Er will uns überreich beschenken. Jesus sagt: »Wer an mich glaubt, hat das Leben in Fülle.« Er meint: Ich möchte, dass es euch gut geht, dass ihr glücklich leben könnt.

Wenn Christen sich zum Gottesdienst und zum gemeinsamen Mahl treffen, erinnern sie sich dabei an das Abendmahl Jesu, an sein Leben, seinen Tod und seine Auferstehung. Und sie glauben, wenn sie sich an Jesu Worte und Taten erinnern, aus der Bibel lesen und wie er Mahl halten, dann ist Jesus ganz nah. Es ist ein wenig so, wie wenn du ein Geschenk eines Freundes oder einer Freundin betrachtest. Auf einmal fällt dir etwas ein, was du einmal mit ihm oder ihr besprochen hast: vielleicht eine Geschichte, die euch zum Lachen gebracht hat, oder ein Erlebnis, das ihr zusammen hattet. Und der Freund oder die Freundin ist dir in diesem Moment ganz nah, ganz gleich, wo er oder sie sich gerade aufhält.

Wir glauben als Christinnen und Christen daran, dass Jesus nicht im Tod blieb, dass Jesus lebt. Deshalb ist der Gottesdienst auch immer ein Fest der Freude und des Dankes. Dies zeigt sich bereits im Namen: *Eucharistiefeier,* so sagen wir ja ebenfalls zur Messe. Eucharistie heißt *Danksagung.* Wir singen, loben und danken Gott für alles, was er für uns getan hat: dass wir trotz unserer Fehler immer wieder neu anfangen dürfen, für seine besondere Nähe in seinem Wort und im Brot und Wein der Messe, dafür, dass er unser Freund geworden ist und wir hier zusammen feiern können.

Die Messfeier – alt und immer wieder neu

Das Wort Messe kommt aus dem Lateinischen und bedeutet so viel wie Entlassung oder Sendung. In den ersten Jahrhunderten nach Christus nannte man die Feier des Abendmahls »Herrenmahl«. Von einem solchen Herrenmahl erzählt im Jahr 150 ein Mann namens Justin in einem Schreiben an den Kaiser Antoninus in Rom Folgendes: »Am Tag, den man Sonntag nennt, findet eine Versammlung aller statt, die in Städten oder auf dem Land wohnen. Dabei werden die Briefe der Apostel oder die Schriften der Propheten vorgelesen … Hat der Vorleser aufgehört, so gibt der Vorsteher in einer Ansprache eine Ermahnung und eine Aufforderung zur Nachahmung all dieses Guten. Darauf erheben wir uns alle zusammen und senden Gebete empor.

Wenn wir mit dem Gebet zu Ende sind, werden Brot, Wein und Wasser herbeigeholt. Der Vorsteher spricht Gebete und Danksagungen mit aller Kraft und das Volk stimmt ein, indem es das Amen sagt. Darauf findet die Austeilung statt. Jeder erhält von den geheiligten Gaben. Den Abwesenden aber wird ihr Anteil durch die Diakone gebracht.

Wer die Mittel und den guten Willen hat, gibt nach seinem Ermessen, was er will; was da zusammenkommt, wird beim Vorsteher hinterlegt. Dieser kommt damit Waisen und Witwen zu Hilfe und solchen, die wegen Krankheit oder sonst einem Grund bedürftig sind …«

Natürlich klingt so ein über 1800 Jahre alter Brief für uns zunächst fremd. Und seit Justin dies aufgeschrieben hat, hat sich die Feier der heiligen Messe immer wieder verändert. Aber von Anfang an blieben die großen und wichtigen Teile des Herrenmahls oder der Messe unverändert: Immer wurde aus dem Alten Testament, der Bibel des Volkes Israel, und aus den Briefen der Apostel vorgelesen und in jedem Gottesdienst das Evangelium, die Frohe Botschaft, verkündet. Immer wurde über Brot und Wein Dank gesagt und wurden dabei die Worte Jesu gesprochen. Und immer dachte man an seinen Tod am Kreuz und es wurde Mahl gehalten, wie er es uns aufgetragen hat.

Nach und nach feierte man nicht nur sonntags die Messe, sondern auch an den verschiedenen Wochentagen. Als Tag der Auferstehung bleibt der Sonntag jedoch der wichtigste Tag.

Es gab aber auch Zeiten, in denen die Christen das, was am Altar geschah, nur noch schwer mitfeiern konnten. Es wurde zum Beispiel lateinisch gebetet und gesungen. Und den Menschen ging es ähnlich wie uns heute: Nur wenige konnten das verstehen. Meistens waren sie mehr Zuschauer als Mitfeiernde. Erst vor wenigen Jahrzehnten, als sich Vertreter der katholischen Kirche aus der ganzen Welt in Rom zu einem Konzil, einer großen Versammlung, trafen, wurden eine ganze Reihe von Änderungen beschlossen. Bei diesem großen Treffen, dem *Zweiten Vatikanischen Konzil* (1962–1965), erinnerte man sich wieder daran, dass der Gottesdienst eine gemeinsame Feier aller Anwesenden, ja aller Christen ist. Seit dieser Zeit wird der Gottesdienst in der Landessprache gefeiert, also in Deutschland auf Deutsch, in Frankreich auf Französisch und so weiter. Jeder kann seitdem wieder verstehen, was gesagt wird und was die einzelnen Teile der Messe bedeuten. Und so kann auch jeder durch sein Mittun zu einem lebendigen und schönen Gottesdienst beitragen.

Eröffnung – Wortgottesdienst – Eucharistiefeier – Entlassung

Jede Feier hat einen bestimmten Ablauf. Wie ist das, wenn ihr zum Geburtstag eingeladen seid oder zu einer Familienfeier? Häufig wird es so oder ähnlich ablaufen: Du kommst an und begrüßt den, der dich eingeladen hat. Meist wirst du ein Geschenk mitbringen. Der Gastgeber oder die Gastgeberin eröffnet, wenn alle da sind, das Fest. Der Tisch ist festlich gedeckt. Es gibt etwas Leckeres zu essen und zu trinken, man spielt, tanzt und unternimmt etwas zusammen. Die Älteren werden sich unterhalten oder vielleicht bei schönem Wetter einen Spaziergang machen. Manchmal ist so ein Fest genau geplant, aber auch wenn es ganz locker zugeht – meist läuft es so oder ähnlich ab.

Auch die Messfeier hat einen ganz bestimmten Ablauf. Wie du schon gelesen hast, hat sich vieles im Laufe der Jahrhunderte verändert und auch jeder Gottesdienst ist ein wenig anders. Und dennoch wirst du bestimmte Teile der Messe wiedererkennen, wenn du öfters am Gottesdienst teilgenommen hast. Und du wirst merken: Vieles, was ich oben über ein Fest erzählt habe, trifft auch auf die Messe zu.

⟹ *Die vier großen Teile der Messe sind:*
Eröffnung
Wortgottesdienst
Eucharistiefeier
Entlassung

Die *Eröffnung* führt die Gemeinde, also die versammelten Menschen, in den Gottesdienst ein. Sie dient der Vorbereitung. *Wortgottesdienst* und *Eucharistiefeier* bilden die beiden großen Hauptteile der Messe.

In seinem Wort und in Brot und Wein ist Christus uns bei der Messfeier ganz nah. Er hat seinen Jüngerinnen und Jüngern damals und uns allen zugesagt: »Wo zwei oder drei in meinem Namen versammelt sind, da bin ich mitten unter ihnen« (Matthäusevangelium 18,20).

Bei der *Entlassung* werden wir gesegnet und ausgesendet, den Frieden Christi weiterzugeben. »Gehet hin in Frieden«, sagt der Priester oder Diakon am Ende des Gottesdienstes und meint damit: Tragt etwas von dem, was wir hier von der Freundschaft Jesu und der Liebe Gottes erfahren durften, zu anderen Menschen – zu den Eltern, Geschwistern, Freundinnen und Freunden, zu den Kranken.

Die Eröffnung – Wir bereiten uns auf den Gottesdienst vor
Wenn wir ehrlich sind: Oft sind wir auf dem Weg zum Gottesdienst mit unseren Gedanken noch ganz woanders. So ist es

gut, wenn wir ein wenig Zeit bekommen, wenigstens für eine Weile das neueste Computerproblem oder unseren Lieblingssong aus dem Kopf zu bekommen. Das Eröffnungslied und die Begrüßung wollen uns auf den Gottesdienst einstimmen. Doch zunächst stellen wir uns unter das Kreuz, das Zeichen der Christen: Wir machen ein Kreuzzeichen und zeigen dadurch, dass wir uns »im Namen des Vaters, des Sohnes und des Heiligen Geistes« hier versammelt haben.

Das anschließende Schuldbekenntnis dient ebenfalls der Vorbereitung. Wir überlegen, was wir in den vergangenen Tagen falsch gemacht haben, was nicht in Ordnung war. Von unserem Streit mit unserem Bruder, unserer Schwester oder unserer Freundin können wir an dieser Stelle Gott erzählen, aber auch, wo wir versäumt haben, nach unseren Möglichkeiten Gutes zu tun und zu helfen. Hier ist Zeit, um Gott und einander um Verzeihung zu bitten. Denn das passt einfach nicht zusammen: Wir können nicht zum Fest mit Jesus gehen und gemeinsam Mahl halten, wenn wir gleichzeitig mit anderen im Streit liegen.

Mit dem uralten Ruf Herr, erbarme dich erkennen wir an, dass Jesus der Herr unseres Lebens ist. Zur Zeit der ersten Christen haben die Menschen dies ihrem König zugerufen, wenn er in einem prachtvollen Zug durch die Straßen zog. Sie taten dies, um ihm zu huldigen, aber auch, um ihn um bestimmte Dinge zu bitten. Manchmal beten oder singen wir auch heute noch den griechischen Text: Kyrie, eleison.

Ein besonders schönes Gebet, einen regelrechten Lobgesang, den wir danach an dieser Stelle oft singen oder auch sprechen, nennen wir das Gloria. In der Bibel steht, dass bei der Geburt Jesu die Engel so sangen: »Ehre sei Gott in der Höhe und Friede auf Erden den Menschen …« (Gloria in excelsis Deo …).

Anschließend spricht der Priester das Tagesgebet. Wir bekräftigen es am Ende mit dem gemeinsamen »Amen«. Das heißt so viel wie: Ja, so ist es.

Der Wortgottesdienst – Wir hören Gottes Wort

Wie der Name »Wortgottesdienst« schon sagt: In diesem Teil der Messe steht das Wort Gottes im Mittelpunkt. Wir hören die Lesungen und das Evangelium und in der Predigt, was die Texte aus der Bibel für unser Leben bedeuten.

Die erste Lesung ist dem Alten Testament oder der Apostelgeschichte entnommen.

Darauf folgt als Antwort der Gemeinde der Antwortpsalm oder Zwischengesang aus einer Liedersammlung, aus der schon die Menschen vor mehreren tausend Jahren zu Ehren Gottes sangen. Schön ist es, wenn ein Vorsänger oder eine Vorsängerin die Verse im Wechsel mit der Gemeinde vorträgt. Wo dies nicht möglich ist, werden die Texte vom Lektor oder der Lektorin abwechselnd mit den Anwesenden gesprochen. Manchmal wird auch ein Lied gesungen, das zu dem Text der Lesung passt.

In der zweiten Lesung wird ein Text aus den Briefen des Neuen Testaments vorgetragen.

Besonders bei den Sonntags- oder Festgottesdiensten wird nun das Evangeliar vom Priester oder Diakon in einer kleinen Prozession zum Lesepult, dem Ambo, gebracht.

Zwei Messdiener tragen Leuchter und stellen sich während des Evangeliums zu beiden Seiten des Ambos auf. Zur Verehrung Christi, der in seinem Wort unter uns ist, kann das Evangelienbuch beweihräuchert werden. Der Ruf vor dem Evangelium (Halleluja), den die Gemeinde währenddessen anstimmt, ist Ausdruck der Freude über die Frohe Botschaft.

Die Verkündigung des Evangeliums ist der Höhepunkt des Wortgottesdienstes. Wir hören die Frohe Botschaft vom Leben Jesu nach einem der vier Evangelisten: nach Matthäus, Markus, Lukas oder Johannes.

Übrigens: Es gibt bestimmte Regeln, was an welchem Sonntag oder Fest vorgelesen wird. Wenn dich das näher interessiert, kannst du darüber mehr im Kapitel über die liturgischen Bücher auf der Seite 57 finden.

In der Predigt (Homilie) spricht der Priester oder Diakon über das, was wir gerade aus der Bibel gehört haben und was es für unser Leben bedeuten kann.

An Sonn- und Feiertagen bekennen wir nun unseren Glauben. Wir sagen dazu: Wir sprechen das Glaubensbekenntnis. Manchmal singen wir stattdessen auch ein passendes Lied.

Die Fürbitten beenden den Wortgottesdienst. Wie der Name schon sagt, bitten wir dabei in erster Linie für andere. Der Lektor oder die Lektorin nennt die Anliegen, die meist vier große Bereiche umfassen: die Weltkirche, die Regierungen und ihre Arbeit, Menschen, die in Not und Bedrängnis sind, und die eigene Gemeinde.

Die Eucharistiefeier – Wir feiern mit Jesus das Abendmahl

Der zweite große Hauptteil ist die *Eucharistiefeier*. Hier stehen Brot und Wein im Mittelpunkt. Wie bei jedem Essen müssen zunächst Vorbereitungen getroffen werden. Bei der Messfeier sagt man dazu: Gabenbereitung. Hier liegt ein Schwerpunkt eures Ministrantendienstes. Ob ihr oder ein Gemeindemitglied die Gaben zum Altar bringt, immer geschieht es stellvertretend für die ganze Gemeinde. Häufig wird während dieser Zeit Geld gesammelt. Man nennt das »Kollekte«. Das Geld ist meist für Arme und Bedürftige bestimmt.

Erinnert euch an die Beschreibung von Justin (Seite 26). Jesus hat sich immer besonders um diese Menschen gekümmert. Deshalb können wir nicht feiern und dabei die Not der anderen vergessen.

Die Kollekte sollte möglichst in der Nähe des Altars abgestellt werden.

Der Priester hält nacheinander die Hostienschale und den Kelch empor – sozusagen vor Gott – und spricht ein begleitendes Gebet. Danach folgt die Händewaschung, bei der wieder euer Dienst gefragt ist. Auf das Gabengebet des Priesters antwortet die Gemeinde mit »Amen«.

Im Mittelpunkt der Eucharistiefeier steht das Eucharistische Hochgebet. Es ist ein großes Lob- und Dankgebet mit mehreren Teilen: Präfation (= Einleitung), Sanctus (Heilig, heilig, heilig …) und Einsetzungsbericht (Wandlung).

Da dies ein besonders wichtiger Teil der heiligen Messe ist, möchte ich ihn dir etwas genauer erklären:

In der Präfation dankt der Priester Gott im Namen aller für seine großen Taten und für bestimmte Ereignisse, die wir im Laufe des Jahres feiern. Dazu gehört auch das gebetete oder gesungene Heilig, heilig, heilig.

Der Höhepunkt des Hochgebetes ist die Wandlung mit den Einsetzungsworten. So nennt man die Worte, die Jesus zu seinen Freunden im Abendmahlssaal gesprochen hat. Der Priester sagt sie stellvertretend für Christus, der sich uns in Brot und Wein schenken will: »Nehmet und esset alle davon: Das ist mein Leib, der für euch hingegeben wird … Nehmet und trinket alle daraus, das ist der Kelch des neuen und ewigen Bundes, mein Blut, das für euch und für alle vergossen wird zur Vergebung der Sünden. Tut dies zu meinem Gedächtnis.«

Dass wir in Brot und Wein den Leib und das Blut Christi empfangen, ist für uns nie ganz zu begreifen, auch wenn man noch so viel lernt und darüber nachdenkt. Der Priester oder Diakon erinnert daran, wenn er sagt: Das ist ein »Geheimnis des Glaubens«.

Am Ende dieses großen Lob- und Dankgebetes beten wir alle ein gemeinsames »Amen«. Das bedeutet so viel wie: Ja, so ist es, ja, das glauben wir.

Das Vaterunser nennen wir auch das »Gebet des Herrn«. Als die Jünger Jesus baten: »Herr, lehre du uns beten«, gab er ihnen zur Antwort: »Wenn ihr betet, so sprecht: Vater unser im Himmel …« (Lukasevangelium 11,2–4). Es ist also ein ganz wichtiges Gebet, und jeder sollte es eigentlich auswendig können. Wir beten es in jedem Gottesdienst.

Nach dem Friedensgruß des Priesters: »Der Friede des Herrn sei allezeit mit euch« und unserer Antwort: »Und mit deinem Geiste« wünschen sich in den meisten Gemeinden die Christen untereinander den »Frieden des Herrn« und geben sich dabei die Hand. Eigentlich können wir unseren Nachbarn links und rechts nur ehrlich die Hand reichen, wenn wir keinen Streit mit anderen haben und versuchen, zu allen freundlich zu sein. Der Friedensgruß ist ja ein Zeichen dafür, dass wir wirklich Frieden mit allen Menschen wollen. Es soll kein bloßes Händeschütteln sein.

»Lamm Gottes, du nimmst hinweg die Sünde der Welt, erbarme dich unser« und »… gib uns deinen Frieden«, so beten oder singen wir vor dem Kommunionempfang – und meinen damit Jesus.

Während dieser Zeit bricht der Priester das Brot, die Hostie. Eine Weile nannten die ersten Christen die ganze Mahlfeier Brotbrechung, weil hier besonders deutlich wird, dass wir alle von Jesus zu diesem Mahl eingeladen sind und von einem Brot essen. »Kommunion«, das weißt du vielleicht bereits, heißt ja übersetzt Gemeinschaft. In der Kommunion haben wir eine ganz enge Gemeinschaft mit Jesus und auch untereinander.

Bei der Einladung zur Kommunion hebt der Priester die Hostie hoch und spricht mit den Worten Johannes' des Täufers: »Seht das Lamm Gottes, das hinwegnimmt die Sünde der Welt.« Das »Herr, ich bin nicht würdig …«, das wir im Anschluss daran beten, stammt ebenfalls aus einer Geschichte der Bibel: Ein heidnischer Hauptmann bat Jesus mit diesen Worten um die Heilung seines kranken Dieners (Matthäusevangelium 8,5–13; Lukasevangelium 7,1–10). Wir sprechen heute vor dem Kommunionempfang seine Bitte nach, weil wir durch dieses Brot, durch Jesus »heil« werden. Jesus sagt uns: Ich habe euch immer lieb. Ihr könnt wieder neu anfangen.

Beim Kommunionempfang sind wir Jesus ganz nah und durch seine Liebe zu uns auch ganz eng miteinander verbunden.

Bei besonderen Anlässen wird neben dem Brot auch der Kelch mit Wein gereicht. Der Priester spricht dann: »Der Leib Christi« und: »Das Blut Christi«. Wir antworten mit einem deutlich hörbaren »Amen«.

Meist wird nach der Kommunion ein Danklied gesungen.

Das Schlussgebet des Priesters beendet die Eucharistiefeier.

Die Entlassung – Wir nehmen den Segen Gottes mit in unseren Alltag

Zum Schlussteil der Messe, der Entlassung, gehören der Segen und ein Entlassungsgruß. Der Priester segnet uns im Namen Gottes. Mit dem Gruß »Gehet hin in Frieden«, den der Priester oder Diakon spricht, werden alle in den Alltag entlassen.

Wir sind aufgerufen, den Frieden und die Liebe Christi weiterzutragen – in die Schule und an den Arbeitsplatz und zu allen Menschen, mit denen wir jeden Tag zu tun haben.

Der Ministrantendienst bei der Messe

Hier findest du den Ablauf der Messe mit den wichtigsten Texten und Gebeten und dazu in kursiver (= schräger) Schrift deine Aufgaben als Ministrant oder Ministrantin. Nicht alles wird in jeder Gemeinde genau gleich gemacht. Wundere dich also nicht, wenn das eine oder andere anders ist als hier beschrieben. Und auch innerhalb des Kirchenjahrs gibt es Änderungen. Zum Teil findest du solche Abweichungen und unterschiedlichen Möglichkeiten in Klammern aufgeführt.

In der Sakristei:
Priester: »Unsere Hilfe ist im Namen des Herrn.«
Messdiener: »Der Himmel und Erde geschaffen hat.«

Wo üblich: Messdiener läuten die Eingangsglocke.

Kreuzzeichen

Die Eröffnung
Einzug
Zum Einzug Orgelspiel oder Eingangslied
Je nach Anzahl der Ministrantinnen und Ministranten (feierlicher Einzug) in folgender Reihenfolge: Weihrauchträger, Messdiener mit Vortragekreuz, Leuchterträger, Altardiener, Priester; am Altar Kniebeuge (falls der Tabernakel in der Nähe des Altars ist) oder Verneigung (eventuell Beweihräucherung); Ministrantinnen und Ministranten gehen zu ihren Plätzen.

Kreuzzeichen:
»Im Namen des Vaters und des Sohnes und des Heiligen Geistes.«

Begrüßung

Schuldbekenntnis
»Ich bekenne Gott, dem Allmächtigen, und allen Brüdern und Schwestern …«

Kyrie
»Herr, erbarme dich.« / »Christus, erbarme dich.« / »Herr, erbarme dich.«

Gloria
(an Sonntagen außerhalb der Fasten- und Adventszeit und an allen Festen)
»Ehre sei Gott in der Höhe …«

Tagesgebet
(Ministrant/Ministrantin hält das Messbuch.)

Wortgottesdienst
Erste Lesung

Antwortpsalm

Zweite Lesung

Ruf vor dem Evangelium
(außerhalb der Fastenzeit: Halleluja)
Bei feierlichen Gottesdiensten: kleine Prozession zum Ambo. Zwei Ministranten mit Leuchtern (und der Weihrauchträger/die Weihrauchträgerin) begleiten Priester oder Diakon mit Evangeliar zum Ambo.

Evangelium

Predigt

Glaubensbekenntnis

Fürbitten

Eucharistiefeier
Gabenbereitung
Messdiener/Messdienerinnen bringen leeren Kelch mit Korporale und Kelchtuch (breiten das Korporale aus, stellen den Kelch darauf). Messdiener oder Gläubige bringen Hostienschale mit Hostien; Messdiener/Messdienerin Kännchen mit Wein und Wasser. (Bei feierlichen Anlässen: Beweihräucherung des Altars)
Der Priester hebt nacheinander die Schale mit Brot und den Kelch mit Wein vor Gott hin und stellt sie auf den Altar.

Anschließend Händewaschung, danach Gabengebet
Zur Händewaschung bringt ein Ministrant/eine Ministrantin Wasserschale und Wasserkännchen und schüttet dem Priester etwas Wasser über die Hände; ein zweiter/eine zweite bringt das Handtuch.

Unterdessen wird die Kollekte eingesammelt.

Das eucharistische Hochgebet
(Großes Lob- und Dankgebet)

Nach der Gabenbereitung stellen sich die Ministranten um den Altar, bei feierlichen Gottesdiensten eventuell mit Kerzen (Flambeaus).

Präfation

Sie beginnt mit den Wechselrufen zwischen Priester und Gemeinde:

Pr.: »Der Herr sei mit euch.«

Alle: »Und mit deinem Geiste.«

Pr.: »Erhebet die Herzen.«

Alle: »Wir haben sie beim Herrn.«

Pr.: »Lasset uns danken dem Herrn, unserm Gott.«

Alle: »Das ist würdig und recht.«

Pr.: »In Wahrheit ist es würdig und recht …«

Sanctus

»Heilig, heilig, heilig Gott, Herr aller Mächte und Gewalten. Erfüllt sind Himmel und Erde von deiner Herrlichkeit.

Hosanna in der Höhe.

Hochgelobt sei, der da kommt im Namen des Herrn.

Hosanna in der Höhe.«

Fortsetzung des Lob- und Dankgebets:

In seinem Mittelpunkt die Wandlung, mit den Worten Jesu:

»Nehmet und esset alle davon: Das ist mein Leib, der für euch hingegeben wird.

Nehmet und trinket alle daraus: Das ist der Kelch des neuen und ewigen Bundes, mein Blut, das für euch und für alle vergossen wird zur Vergebung der Sünden. Tut dies zu meinem Gedächtnis.«

Wo üblich, schellen oder läuten die Ministranten, wenn der Priester Brot und Wein emporhebt.

Pr.: »Geheimnis des Glaubens.«

Alle: »Deinen Tod, o Herr, verkünden wir, und deine Auferstehung preisen wir, bis du kommst in Herrlichkeit.«

(Vor dem Vaterunser werden die Kerzen und eventuell das Rauchfass in die Sakristei zurückgebracht.)

Vaterunser

Friedensgruß

Pr.: »Der Friede des Herrn sei allezeit mit euch.«

Alle: »Und mit deinem Geiste.«

Agnus Dei/Brotbrechung

»Lamm Gottes, du nimmst hinweg die Sünde der Welt, erbarme dich unser.« (2 x) »Lamm Gottes, …, gib uns deinen Frieden.«

Kommunion

Nach der Kommunion: Messdiener/Messdienerin bringt Wasser- und Weinkännchen und gießt daraus etwas Wein und Wasser zur Reinigung in den Kelch. (Häufig wird auch nur noch aus dem Wasserkännchen Wasser zur Reinigung in den Kelch gegossen.) Danach den Kelch und gegebenenfalls die leere Hostienschale zurück zur Kredenz bringen.

Schlussgebet

Entlassung

Segen und Entlassung

Pr.: »Gehet hin in Frieden.«

Alle: »Dank sei Gott, dem Herrn.«

Beim Auszug geht der Priester mit den Helferinnen und Helfern nach einer Kniebeuge in derselben Reihenfolge in die Sakristei zurück wie beim Einzug.

Rätselecke: Da fehlt etwas!

Und jetzt noch ein Rätsel zum Schluss. Du kannst es lösen, wenn du dieses Kapitel genau gelesen hast. Falls du etwas nicht weißt: einfach nochmal nachschauen.

Die folgenden Texte werden in der Messe gesprochen.
Wer kennt sich aus und kann die fehlenden Worte ergänzen?

1. Der ▨▨▨▨ sei mit euch.
   Und mit deinem ▨▨▨▨▨▨.

2. ▨▨▨▨ des lebendigen Gottes.

3. Aus dem heiligen ▨▨▨▨▨▨▨▨▨▨▨ nach Markus.

4. Gehet hin in ▨▨▨▨▨▨▨.
   Dank sei Gott, dem Herrn.

5. Ich ▨▨▨▨▨▨▨ Gott, dem Allmächtigen, und allen Brüdern und Schwestern …

6. Deinen ▨▨▨, o Herr, verkünden wir,
   und deine ▨▨▨▨▨▨▨▨▨▨▨ preisen wir,
   bis du kommst in Herrlichkeit.

7. Ehre sei ▨▨▨▨ in der Höhe.

8. Ich ▨▨▨▨▨▨ an Gott, den Vater, den Allmächtigen.

9. Erhebet die Herzen. Wir haben sie beim ▨▨▨▨▨.

10. Evangelium unseres Herrn Jesus Christus.
    ▨▨▨ sei dir, Christus.

11. ▨▨▨▨ Gottes, du nimmst hinweg die Sünde der Welt.

12. Es ▨▨▨▨▨ euch der allmächtige Gott, der Vater, der Sohn und der Heilige Geist.

Grundhaltungen und Gesten –
Mit dem Körper sprechen

Jeder Mensch spricht nicht nur durch Worte, sondern auch durch seinen Körper. Wenn du dich über irgendetwas besonders freust, dann wirst du deine Freude auch durch deine Körperhaltung ausdrücken. Ähnlich ist es, wenn man traurig ist. Durch unsere Körperhaltung, aber auch mit verschiedenen Gesten, können wir Angst und Freude, Zuneigung und Abwehr, Achtung vor einem Menschen oder Geringschätzung ausdrücken. Meist geschieht dies sogar unbewusst, indem wir durch Gesten unsere Worte begleiten. Man sagt: Da redet einer mit Händen und Füßen.

Auch während des Gottesdienstes nehmen wir viele verschiedene Haltungen ein: Wir sitzen, stehen und knien, wir machen das Kreuzzeichen oder eine Kniebeuge. Bei deinem Dienst geschieht dies sogar noch häufiger als bei den anderen Gottesdienstteilnehmern.

Hast du schon einmal überlegt, was die einzelnen Bewegungen und Gesten bedeuten? Was empfindest du beispielsweise, wenn du zu Beginn des Gottesdienstes eine Kniebeuge vor dem Tabernakel machst? Ist es nicht ein wenig das Gefühl des Sich-Kleinmachens vor Gott?

Nur wenn du dir immer wieder einmal bewusst machst, was die einzelnen Gesten und Handlungen bedeuten, und sie nicht einfach gedankenlos »vor dich hin« tust, haben sie eigentlich einen Sinn. Dann drücken sie wirklich das aus, was sie bedeuten.

Stehen

Wenn wir im Gottesdienst stehen, stehen wir vor Gott. Wir stehen also nicht einfach irgendwie herum. Es ist eine Haltung der Aufmerksamkeit. Stehen bedeutet: Ich bin bereit. Wer steht, der kann sofort losgehen und handeln.

Wir beginnen und beschließen den Gottesdienst stehend. Wir hören stehend das Evangelium, stehen bei den verschiedenen Gebeten des Priesters, vor allem bei der Präfation und beim Vaterunser. Wir stehen auch, wenn wir das Gloria, das Halleluja und das Sanctus singen oder beten.

Sitzen

Sitzen ist die Haltung des Nachdenkens, der Besinnung und vor allem des Zuhörens.

Wir sitzen bei den Lesungen, beim anschließenden Antwortpsalm und bei der Predigt. Die Gemeinde sitzt während der Gabenbereitung und bei der stillen Zeit nach der Kommunion. Wir können beim Sitzen ruhig und aufmerksam werden für das, was Gott uns sagen will. Achte während deines Dienstes beim Sitzen besonders auf eine aufrechte Haltung und stelle beide Beine nebeneinander – schlage sie auf keinen Fall übereinander!

Knien, Kniebeuge und Verneigung

Wer niederkniet, so hast du bereits gelesen, macht sich klein vor Gott. Es ist ein Zeichen der Verehrung. Du zeigst dadurch: Ich weiß, du bist unendlich groß. Es ist wie ein Gebet ohne Worte.

Die Kniebeuge hat die gleiche Bedeutung wie das Knien, nur ist sie kürzer. Und wenn man sich niederwirft, wie mancherorts am Karfreitag der Priester vor dem Altar, dann ist dies der stärkste Ausdruck des Sich-Kleinmachens. Andere Religionen kennen ebenfalls eine solche Geste.

Auch die Verneigung ist ein Zeichen der Verehrung und der gegenseitigen Aufmerksamkeit, wie zum Beispiel bei der Gabenbereitung.

Bei der Kniebeuge achte bitte darauf, dass dein Oberkörper aufgerichtet bleibt, während du dein rechtes Knie langsam neben die linke Ferse setzt.

Gehen

Eigentlich ist das Gehen etwas ganz Normales. Dennoch kann es auch ein Zeichen sein. Wenn wir gehen, sind wir unterwegs. Wir gehen nicht zu schnell, wir schreiten. Zum Beispiel beim feierlichen Einzug zu Beginn der Messe oder bei Prozessionen, wie etwa an Fronleichnam. Wir begleiten dann den Priester, der den Leib des Herrn durch die Straßen trägt.

Händefalten

Um beten zu können, brauchen wir eine gewisse Ruhe. Damit ist zunächst die Ruhe um uns herum gemeint: Natürlich kann man schlecht beten, wenn man den CD-Player auf volle Power gestellt hat. Aber wir müssen vor allem auch in uns selbst still werden. Wenn ich die Hände ineinanderfüge, die einzelnen Finger ineinander verschränke, ist es, als ob ich mich zurückziehe. Ich kann mich sammeln und nachdenken. Ich kann mit Gott sprechen und in mich »hineinhören«. Wer hören will, braucht Ruhe.

Der Priester betet während der Messe mit ausgebreiteten Händen. So haben die Christen in den ersten Jahrhunderten gebetet. Die Haltung der Hände erinnert an die Kreuzigung Jesu. Wenn ich die Hände ausbreite, bin ich aber auch offen, alles anzunehmen, was Gott für mich bereithält. Der Priester oder der Diakon steht hier stellvertretend für die Gemeinde. Die offenen, ausgebreiteten Hände beim Gebet wollen die Gebete aller Christen miteinschließen.

Kreuzzeichen

Wir beginnen und beenden ein Gebet mit einem Kreuzzeichen. Und auch wenn wir eine Kirche betreten, bekreuzigen wir uns. Das Kreuz ist für Christen ganz wichtig. Es erinnert an Jesu Tod und Auferstehung. Wir stellen uns durch dieses Zeichen unter den Schutz des Kreuzes und damit unter den Schutz »des Vaters, des Sohnes und des Heiligen Geistes«. Bei einem langsamen und großen Kreuzzeichen von der Stirn zur Brust und von der linken Schulter zur rechten sollen wir spüren, dass wir vom Kreuz umfasst werden.

Zu Beginn des Evangeliums machen wir drei kleine Kreuzzeichen mit dem Daumen. Zuerst auf die Stirn: mit unserem Verstand wollen wir die Frohe Botschaft begreifen; auf den Mund: mit unserem Mund wollen wir sie verkünden; auf die Brust: wir wollen nach Gottes Wort handeln und es im Herzen bewahren.

Die liturgischen Geräte – das Handwerkszeug der Ministranten

Im Zusammenhang mit der Messe benutzen wir oft das Wort »Feier«. Wir sprechen von der Messfeier, der Eucharistiefeier oder sagen: Wir feiern Gottesdienst. Fest, Feier und Liturgie haben viel miteinander zu tun. Das lässt sich auch gut an den Gegenständen und Gewändern ablesen, die dabei benutzt werden.

Schau dir einmal zu Beginn der Messe den Gottesdienstraum genau an. Besonders den Altar: ein schönes weißes (Tisch-) Tuch, Kerzen, Blumen – so decken wir auch zu Hause den Tisch. Dann eine wertvolle Schale für das Brot, einen Kelch für den

Wein – auch deine Eltern benutzen bei einer Feier das schönste Geschirr und die wertvollsten Gläser. Schon immer wollten Menschen durch prächtige Kirchen, Geräte und Gewänder Gott verehren und zeigen: Hier geschieht etwas ganz Besonderes, Großes und Wichtiges.

Während deines Dienstes als Ministrantin oder Ministrant hast du mit vielen verschiedenen Gegenständen zu tun, man nennt sie liturgische Gegenstände.

Auf dem Altar oder in seiner Nähe

Außer mit dem Altartuch ist der Altar mit mindestens zwei Kerzen geschmückt. Kerzen haben eine besondere Bedeutung in der Liturgie. Du kennst vielleicht schon Tauf- und Osterkerzen. Aber ganz sicher hast du bei der Erstkommunion eine geschmückte Kerze in den Händen gehalten. Bei feierlichen Gottesdiensten werden von den Messdienerinnen und Messdienern Fackeln und Leuchter getragen. Oft stehen bei der Verkündigung des Evangeliums zwei Ministranten mit Leuchtern neben dem Ambo und während des Hochgebets mit Kerzen am Altar. Kerzen sind ein Zeichen für Christus, der gesagt hat: »Ich bin

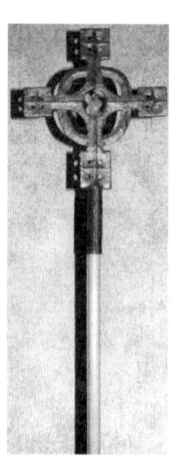

das Licht der Welt.« Und er hat auch gesagt: »Ihr seid das Licht der Welt.« Das bedeutet: Durch Christus können wir auch für andere Menschen wie Licht sein und in ihr Leben ein wenig Helligkeit bringen.

In manchen Gemeinden stehen die Kerzen nicht auf dem Altar, sondern in seiner Nähe, ebenso wie das Kreuz, das für alle gut sichtbar sein sollte. Oft wird auch das Vortragekreuz im Altarraum aufgestellt. Es wird zum Einzug bei Festgottesdiensten von einem Messdiener vorangetragen, ebenfalls bei Prozessionen und auch bei Beerdigungen.

Schellen und Altarglocken machen auf wichtige Stellen im
Gottesdienst aufmerksam, wie
zum Beispiel während der Messe bei der Wandlung oder beim
Segen mit der Monstranz. (Davon wirst du später noch mehr
hören.) Als die Messe noch in
der lateinischen und nicht in der
Landessprache gefeiert wurde,
war dies sogar dringend not-

wendig, so konnten die Menschen den Verlauf des Gottesdienstes besser mitverfolgen. Schellen können auch bei besonders
festlichen Augenblicken als Ausdruck des Lobes eingesetzt
werden.

Zu Beginn der Gabenbereitung wird das Korporale, ein mehr-
fach gefaltetes, weißes Tuch, auf dem Altar ausgebreitet. Obwohl es eigentlich zum Ministrantendienst gehört, übernimmt
dies in vielen Gemeinden der Priester selbst. Trotzdem eine
kleine Hilfe für dich: Beim Entfalten des Tuches siehst du, dass
eines der neun quadratischen Felder mit einem Kreuz gekennzeichnet ist. Breite das Korporale so auf dem Altar aus, dass die
Markierung am Altarrand, direkt vor dem Priester liegt. Das
Wort »Korporale« geht auf das lateinische »corpus« zurück.
Corpus heißt Leib. Der Name dieses Tuches hat mit seiner Aufgabe zu tun: Auf ihm werden Kelch und Hostienschale abgestellt.

Auf der Kredenz

Kredenz, so nennt man einen kleinen Tisch in der Nähe des
Altars. Er ist für dich von besonderer Bedeutung, denn hier
stellt der Küster, die Küsterin (oder der Mesner/die Mesnerin)
die Gegenstände ab, die ihr Ministranten später zur Gabenbe-

reitung an den Altar bringt: zunächst den Kelch mit dem Kelchtuch. Das ist ein kleines weißes Tuch zum Säubern des Kelches nach der Kommunion. Manchmal ist der Kelch noch mit der Palla zugedeckt und mit dem Kelchvelum verhüllt.

Die Palla ist ein kleiner weißer Deckel, das Kelchvelum ein Tuch, meist in der liturgischen Tagesfarbe und manchmal auch im gleichen Stoff wie das Messgewand gearbeitet.

Die Hostienschale mit den eingelegten Hostien wird in vielen Gemeinden vom Kommunionhelfer zum Altar gebracht. Dieser Dienst kann auch von einem Ministranten oder einer Ministrantin übernommen werden.

Auf der Kredenz stehen ebenfalls die beiden Kännchen mit Wein und Wasser bereit. Wenn die beiden Kännchen aus Glas sind, ist relativ einfach zu erkennen, welches das Wasser und welches den Wein enthält. Sind sie aus Keramik oder Metall, ist es schon schwieriger. Deshalb ist das Kännchen mit Wasser zur besseren Unterscheidung häufig mit einem A (lateinisch Aqua = Wasser) und das Weingefäß mit einem V (lateinisch Vinum = Wein) gekennzeichnet.

Nachdem der Priester die Gaben bereitet hat, reinigt er seine Hände. Für die Händewaschung benötigt er das Wasserkännchen mit einer Schale zum Auffangen des Wassers und ein Handtuch. Das kleine Handtuch nennt man auch Lavabotuch. Lavabo ist das lateinische Wort für »Ich werde waschen«. Das Waschen der Hände ist ein Zeichen für das innere Vorbereiten, sozusagen das »innere Waschen«. Der Priester spricht dabei: »Herr, wasche ab meine Schuld, von meinen Sünden mache mich rein.«

Für besondere Gelegenheiten

Neben den Geräten, die man für die Feier der Messe benötigt, gibt es auch noch eine ganze Reihe anderer liturgischer Geräte.

Weihrauchfass und Schiffchen

Weihrauch ist ein Zeichen der Verehrung und der Anbetung. Die Juden brachten Gott auf einem Räucheraltar Weihrauch dar. Sie glaubten, dass Gott an dem Wohlgeruch Gefallen findet. Du kennst Weihrauch als eine der drei Gaben der Magier, die nach Bethlehem zogen. Weihrauch besteht aus kleinen Harzkörnern eines bestimmten Baumes (Weihrauch-Baum, Boswellia). Er war zur Zeit der Bibel sehr, sehr wertvoll. Schon im Alten Testament heißt es: »Wie Weihrauch steige mein Gebet zu dir empor« (Psalm 141,2).

Das Weihrauchspenden bei feierlichen Gottesdiensten, bei Andachten, Prozessionen, aber zum Beispiel auch bei Beerdigungen gehört zu den besonderen Aufgaben des Ministrantendienstes. Aber es ist nicht ganz einfach und braucht etwas Übung.

Im Rauchfass befindet sich eine herausnehmbare Glutpfanne. In sie werden glühende Kohletabletten gelegt, die man zuvor über einer Kerze oder auf einem elektrischen Kohleanzünder glühend machen kann. Während der Benutzung sollte der Deckel etwas angehoben werden, damit der Rauch besser entweichen kann.

Das Schiffchen ist der Weihrauchbehälter, in dem sich auch ein Löffelchen zum Einlegen des Weihrauchs befindet. Wer solch ein Schiffchen anschaut, weiß sofort, dass es seinen Namen von seiner Form bekommen hat.

Zwei Messdienerinnen oder Messdiener tragen das Weihrauchfass mit der glühenden Kohle und das Schiffchen mit den Weihrauchkörnern, die der Priester dann mit dem kleinen Löffel auf die Kohle legt.

Bei feierlichen Gottesdiensten können das Evangeliar, das Vortragekreuz, die eucharistischen Gaben, Priester und Gemeinde inzensiert, das heißt beweihräuchert, werden.

Weihwasserkessel und Aspergill

Über das Weihwasser hast du schon an verschiedenen Stellen in diesem Buch gelesen. Es ist ganz wichtig bei der Taufe; du benutzt es aber auch jedes Mal, wenn du beim Eintreten oder beim Verlassen der Kirche ein Kreuzzeichen machst. Außerdem wird das Weihwasser bei Beerdigungen und bei verschiedenen Segnungen verwendet. Zu Beginn der Messe können die Gottesdienstteilnehmer als Erinnerung an ihre Taufe mit Weihwasser besprengt werden.

Bei diesen Gelegenheiten reicht der Messdiener oder die Messdienerin dem Priester das Aspergill und hält das Weihwassergefäß. Aspergill nennt man den Weihwasserwedel, nach dem lateinischen »Asperge me«, das heißt »besprenge mich«.

Monstranz, Lunula und Custodia

Wenn du schon einmal bei einer Fronleichnamsprozession dabei warst, dann
kennst du bereits das kunstvoll verzierte
Gerät, in dem der Priester oder Diakon das
heilige Brot durch die Straßen trägt.

Dieses Zeigegerät nennt man Monstranz
(lateinisch »monstrare« = zeigen). Bei der
eucharistischen Andacht wird das eucharistische Brot in der Monstranz »ausgesetzt«, das heißt der Gemeinde zur Anbetung gezeigt oder hingestellt.

Lunula (= Möndchen) nennt man den
kleinen, halbmondförmigen Halter, den man in die Monstranz
einfügen kann. Nach der Aussetzung und dem Segen wird die
Lunula mit der Hostie in einem eigenen Gefäß, der Custodia, im
Tabernakel aufbewahrt.

Andere liturgische Geräte

Es wäre schön, wenn euch der Küster oder die Küsterin (Mesner oder Mesnerin) einmal durch die Sakristei führt und euch
die Geräte zeigt, die ihr noch nicht von der Messe her kennt.
Zum Beispiel benötigt der Priester oder Diakon für die Taufe

Gefäße mit Chrisam und
häufig auch Katechume-
nenöl.

Bei der Firmung wirst du
ebenfalls durch den Bischof
oder einen seiner Stellvertreter mit Chrisam gesalbt.
Das Öl wird in einem eige-

nen Gottesdienst, zu dem alle Priester des Bistums eingeladen
sind, vom Bischof am Gründonnerstag oder an einem der vor-
hergehenden Tage geweiht.

Zu jeder Gelegenheit das passende Outfit – Die liturgischen Gewänder

Wenn du zu einem Fest eingeladen bist, ziehst du wahrscheinlich etwas anderes an als das, was du trägst, wenn du zum Sport gehst.

Auch der Priester und seine Helferinnen und Helfer tragen beim Gottesdienst besondere Gewänder. Diese liturgische Kleidung kann in Afrika oder Asien anders aussehen als bei uns, und auch in Europa hat sie sich – wie die sonstige Mode auch – immer wieder verändert. Heute ist sie schlichter als noch vor einigen Jahrzehnten. Aber immer sind es festliche Gewänder, die uns auch äußerlich zeigen, dass wir zu einer großen und schönen Feier zusammengekommen sind.

Priester, Diakone und Messdiener tragen verschiedenartige Gewänder. Man kann also bereits an der Kleidung erkennen, welchen Dienst jeder beim Gottesdienst ausübt.

Und ein wenig ist der Gottesdienst auch ein Spiel, in dem alle eine bestimmte Rolle und dazu die passenden Gewänder haben. Fangen wir mit euren Gewändern, den Messdienergewändern, an.

Die Gewänder der Messdienerinnen und Messdiener

Es gibt mehrere Arten von Messdienergewändern. Häufig tragen Ministranten einen schwarzen oder roten Talar, das ist ein mantelartiges, langes Gewand. Darüber zieht man ein weißes, hemdartiges Rochett. Es reicht meist bis etwa an die Knie und wird ausschließlich über dem Talar getragen.

Manchmal findet man auch noch Kragen, Rock und Chorhemd. Rock und Kragen haben dann die Farben des Kirchenjahrs.

Immer häufiger allerdings ziehen Ministranten naturfarbene albenähnliche Kutten an, die von einem Zingulum zusammengehalten werden. Das Zingulum ist eine Art Gürtel oder Strick.

Es ist entweder ebenfalls naturfarben oder in den verschiedenen liturgischen Farben vorhanden.

Die Gewänder des Priesters bei der Messe

Bei der Messfeier trägt der Priester Albe, Stola und Messgewand und eventuell ein Schultertuch, ein weißes Tuch, das zum Schutz der liturgischen Gewänder um die Schultern gelegt

Mantelalbe   Albe   Messgewand

Schultervelum

Talar und Chorrock   Chormantel

und mit Bändern festgeschnürt wird. Je nach Art der Albe benötigt man noch ein **Zingulum**.

Diese Gewänder haben sich aus der zur Römerzeit getragenen Kleidung entwickelt, die *Albe* zum Beispiel aus der bis zu den Knöcheln reichenden Tunika. Auch die neugetauften Christinnen und Christen trugen früher solche weißen Kleider.

Man kennt bis heute verschiedene Arten von Alben, je nach Form trägt man die Stola unter oder über der Albe. Die *Stola* ist eine Art wertvoller Schal. Sie ist das Amtszeichen des Priesters und auch des Diakons. Sie wird deshalb nicht nur bei der Messe getragen, sondern bei allen liturgischen Handlungen. Der Diakon trägt die Stola allerdings anders als der Priester, nämlich von der linken Schulter zur rechten Körperseite. Du kannst daran also immer sehen, ob du einen Priester oder einen Diakon vor dir hast.

Das *Messgewand* ist – wie der Name schon sagt – das Hauptgewand des Priesters bei der Messe. Man nennt es auch manchmal Kasel. Das kommt aus dem Lateinischen und bedeutet soviel wie »Häuschen«. Warum? Es entstand aus einem altrömischen Schutzmantel, der den Körper von allen Seiten einschloss und nur Raum für den Kopf ließ. Als dann die Stoffe immer wertvoller und schwerer wurden, entwarf man immer kürzere und damit auch leichtere Gewänder.

Vielleicht hast du auch in deiner Gemeinde schon einmal ein solches, oft goldbesticktes Gewand gesehen. Oder in einem Museum? Heute sind die Messgewänder wieder länger und meist schlichter.

Das Obergewand des Diakons nennt man übrigens **Dalmatik.**

Die Gewänder von Priester und Diakon bei anderen Gottesdiensten

Auch bei anderen Gottesdiensten oder Sakramentenspendungen kann der Priester oder Diakon Albe und Stola tragen oder auch Talar und Rochett *(Chorrock),* von denen du oben schon gehört hast.

Bei feierlichen Andachten oder zum Beispiel auch bei der Fronleichnamsprozession tragen Priester und Diakon einen langen, oft reich verzierten Chormantel (siehe Abbildung Seite 51). Man nennt ihn auch Rauchmantel (weil meist auch währenddessen Weihrauch verwendet wird).

Für den sakramentalen Segen wird zusätzlich vom Küster oder Messdiener zum Anfassen der Monstranz das Velum umgelegt. Es ist ein Zeichen für die Ehrfurcht vor dem Leib Christi, mit dem der Priester oder Diakon die Gemeinde segnet. Das Velum hat Ähnlichkeit mit der Stola, nur ist es viel breiter (siehe Abbildung Seite 51).

Zum Schluss noch ein Tipp: Lasst euch in einer eurer Ministunden doch einmal die verschiedenen liturgischen Gewänder zeigen, auch die ganz alten, wenn es in eurer Gemeinde welche gibt.

Bunt wie ein Regenbogen – Die liturgischen Farben

Sicher hast du auch schon einmal die Sprichwörter gehört: »Rot ist die Liebe« oder »Grün ist die Hoffnung«. Fußballtrikots oder Nationalfahnen haben bestimmte Farben. Die Farbe Schwarz weckt in uns Vorstellungen von Angst, Trauer und Alleinsein. Bei Weiß denkt man an einen festlich gedeckten Tisch, an eine Braut in Weiß oder Ähnliches. Wir verbinden mit bestimmten Farben bestimmte Vorstellungen. Das ist nicht nur bei uns so. Bei anderen Kulturen und Religionen ist es ähnlich.

Auch in der Liturgie wechselt die Farbe von Messgewand und Stola und oft auch die Farbe eurer Ministrantengewänder. Je nach der Zeit im Kirchenjahr und dem jeweiligen Fest oder Gedenktag sind die Gewänder weiß, rot, grün oder violett. Das Kelchvelum ist oft ebenfalls in der liturgischen Farbe des Tages gehalten.

Weiß ist die Farbe der Freude, des Festes, der Reinheit und des Lichts.

Sie wird verwendet in der Oster- und Weihnachtszeit, an den sogenannten Herrenfesten (also Festen, bei denen Jesus Christus im Mittelpunkt steht), an Marienfesten, bei Festen der Engel und Gedenktagen der Heiligen (außer bei Märtyrern).

Rot ist die Farbe des Feuers (des Geistes Gottes) und der Liebe, aber auch die Farbe des Blutes.

Sie wird verwendet am Palmsonntag, an Karfreitag und an Pfingsten; außerdem an Märtyrer- und Apostelfesten.

Grün ist die Farbe der Hoffnung.

Sie wird an den Sonn- und Wochentagen im Jahreskreis verwendet.

Violett ist die Farbe der Umkehr und der Buße.

Sie wird im Advent und in der österlichen Bußzeit (Fastenzeit) verwendet. Daneben kann sie auch wahlweise bei Trauergottesdiensten und beim Begräbnis benutzt werden.

Schwarz als Farbe der Trauer kann statt Violett beim Begräbnis und bei der Messe für Verstorbene gewählt werden. *Blau* ist eigentlich keine liturgische Farbe. Dennoch wird mancherorts bei Marienfesten statt eines weißen ein blaues Messgewand getragen.

Rätselecke: Weißt du Bescheid über liturgische Geräte, Gewänder und ihre Farben?

Bitte ankreuzen; es sind mehrere Antworten möglich.

1. Die Stola

☐ a) ist das Amtszeichen des Priesters
☐ b) ist das Amtszeichen des Diakons

☐ c) ist ein meist aus besonders wertvollen Stoffen hergestelltes Kleidungsstück für Frauen

☐ d) ist ein unterirdischer Gang für Bergleute

2. Die Albe

☐ a) ist ein (Jura-)Gebirge

☐ b) ist ein weißes liturgisches Grundgewand

☐ c) ist ein Gewand, das der Diakon trägt

3. Die Kredenz ist

☐ a) ein kleiner Tisch, auf dem die liturgischen Geräte bereitgestellt werden

☐ b) eine Karaffe mit Wein oder einem anderen Getränk, die für Gäste bereitsteht

☐ c) die Bezeichnung für das Tablett mit Wasser- und Weinkännchen für die Gabenbereitung

4. Das Lavabotuch

☐ a) ist ein kleines Handtuch

☐ b) nennt man auf Deutsch auch Kelchtuch

☐ c) benutzt der Priester beim Erheben der Monstranz

5. Lunula

☐ a) heißt übersetzt so viel wie kleiner Mond oder Möndchen

☐ b) ist eine kleine Dose, die man für die Krankenkommunion verwendet

☐ c) ist ein Halter, den man in die Monstranz einfügen kann

☐ d) wird in der Custodia im Tabernakel aufbewahrt

6. Chrisam wird verwendet

☐ a) bei der Taufe

☐ b) bei der Firmung

☐ c) bei der Eheschließung

☐ d) bei der Erstkommunion

7. Weiß als liturgische Farbe ist vorgesehen

☐ a) in der Weihnachtszeit

☐ b) in der Osternacht

☐ c) bei der Messfeier für Verstorbene

☐ d) an Pfingsten

8. Violett ist als liturgische Farbe vorgesehen

☐ a) bei der Messfeier für Verstorbene

☐ b) im Advent

☐ c) in der Fastenzeit/österlichen Bußzeit

☐ d) am Karfreitag

9. Grün ist die liturgische Farbe

☐ a) an Werktagen im Jahreskreis, mit Ausnahme besonderer Festtage

☐ b) an den Sonntagen im Jahreskreis

☐ c) an Marienfesten

Eine kleine Bibliothek – Die liturgischen Bücher

Als Mini solltest du die wichtigsten liturgischen Bücher kennen. Mit einigen hast du auf jeden Fall während deines Dienstes zu tun. Es ist gut zu wissen: Welches Buch wird wann und von wem benutzt?

Das Messbuch

Da ist zunächst das Messbuch. In ihm sind die Gebete des Priesters bei der Messfeier abgedruckt. Es besteht aus zwei Teilen: Der erste, schmalere Band ist rot eingebunden und enthält die Texte der Karwoche sowie der Osteroktav. Der zweite, blaue Band wird häufiger gebraucht als der erste, denn er enthält die deutschen Messtexte für alle Tage des Jahres außer der Karwoche.

In manchen kleineren Kirchen und Kapellen oder auch als Zweitausgabe findet man ein einbändiges grünes Messbuch, die sogenannte Kapellenausgabe, mit allen deutschen Texten für das ganze Kirchenjahr.

Das Lektionar

Auch das Lektionar kennst du bestimmt schon. Es wird für die Messe, aber auch für andere Gottesdienste benötigt. Es gibt verschiedene Bände. Lektionar heißt so viel wie Lesungsbuch (lateinisch: lectio – Lesung).

Bei der Sonntagsmesse sind vorgesehen:

Erste Lesung aus dem Alten Testament oder aus der Apostelgeschichte

    Antwortpsalm (Zwischengesang)

Zweite Lesung aus dem Neuen Testament (Briefe, Offenbarung des Johannes)

    Ruf vor dem Evangelium (Halleluja)

Evangelium (nach Matthäus, Markus, Lukas, Johannes)

Im deutschsprachigen Raum wird – etwa bei Kindergottesdiensten – manches Mal auch nur eine der beiden Lesungen vom Lektor oder von der Lektorin vorgetragen.

Damit die Gottesdienstteilnehmer im Laufe der Zeit möglichst viele verschiedene Abschnitte aus der Heiligen Schrift hören können, wurde eine sogenannte Leseordnung erstellt. Das heißt, es wurde festgelegt, an welchem Tag oder Sonntag welcher Text aus der Bibel vorgelesen wird. An den Sonntagen wiederholen sich die Texte nur alle drei Jahre. Man nennt diese Zeiten die Lesejahre A, B oder C. Werktags kehren die Lesungen alle zwei Jahre wieder.

Das Evangeliar

Die meisten Gemein-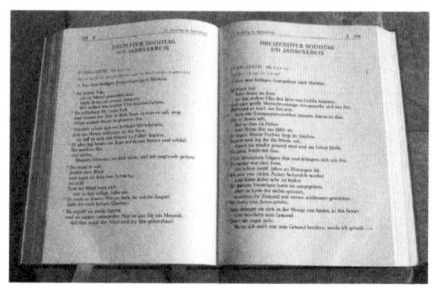
den besitzen außer-
dem noch ein kostbar
ausgestattetes Evan-
geliar, ein Buch, in
dem ausschließlich die
Evangelien enthalten
sind. Oft trägt der
Priester oder Diakon
es in einer feierlichen Prozession zum Ambo. Dabei wird er von
zwei Messdienerinnen oder Messdienern mit Leuchtern begleitet. Auch bei einem feierlichen Einzug kann das Evangeliar
mitgetragen werden.

Das Gotteslob

Das wichtigste Buch für die Gemeinde ist das Gebet- und Gesangbuch *Gotteslob*. (In Luxemburg heißt es: »Marienlob«.) Das
Gotteslob besteht aus einem großen einheitlichen Stammteil,
der für die deutschsprachigen Diözesen gleich ist. (In der
deutschsprachigen Schweiz singt man aus dem »Katholischen
Gesangbuch der deutschsprachigen Schweiz«.) Daneben gibt es
einen Anhang, in dem zusätzlich Lieder und Gebete des jeweiligen Bistums zusammengestellt sind.
Im Altarraum sollte für jeden ein Buch bereitliegen, damit auch
dort alle mitsingen können. Das Mitsingen und natürlich auch
Mitbeten ist ganz wichtig und gehört zu eurem Dienst am Altar
dazu. Natürlich gehört es auch zum Dienst aller, die am Gottesdienst teilnehmen. Aber da ihr Minis ja im Auftrag der Gemeinde euren Altardienst ausübt, seid ihr auch Vorbild, was das Singen und Beten angeht.

Für den Organisten/die Organistin gibt es das dazugehörige *Orgelbuch,* für den Kantor oder die Kantorin (= Vorsänger/Vorsängerin) ein *Kantorenbuch.*

Liturgische Bücher für die Feier von Sakramenten und Segnungen

Auch für *die Feier von Sakramenten, Sakramentalien und Segnungen* gibt es eine ganze Reihe von Büchern, zum Beispiel für »Die Feier der Kindertaufe« oder »Die Feier der Trauung«. Darüber hinaus verwendet der Priester oder Diakon auch das Benediktionale, ein Buch für verschiedene Segnungen. Das lateinische Wort »benedicere« heißt »segnen«. Wenn zum Beispiel die Sternsinger ausgesendet werden und zuvor die Kreide gesegnet wird, wenn die Erntegaben am Erntedankfest gesegnet werden oder ein Haus eingeweiht wird, findet man hier die passenden Gebete.

Nicht jeder Gottesdienst ist eine Messe – Andere Gottesdienste und gemeinsame Gebete

Wenn du zur Messe gehst, hast du sicher auch schon einmal gesagt: Ich gehe zum Gottesdienst, und das ist auch richtig, denn: Jede Messe ist ein Gottesdienst. Nur umgekehrt stimmt es dann nicht mehr, denn: Nicht jeder Gottesdienst ist eine Messe. Das hört sich kompliziert an, ist aber gar nicht so schwer zu verstehen.

Eigentlich ist jedes Treffen von Christen, bei dem gebetet und ein Text aus der Bibel vorgelesen wird, ein Gottesdienst. Wenn sich heute Christen verschiedener Konfessionen zum gemeinsamen Gebet, etwa für den Frieden in der Welt oder zum Erntedank, treffen, nennt man das einen Ökumenischen Gottesdienst.

Im Laufe der Zeit haben sich verschiedene feste Formen von Gottesdiensten entwickelt, von denen ich dir einige vorstellen möchte. So wie du wahrscheinlich anders mit Gott redest, als ich es tue, und deine Freundin oder dein Freund oder Vater und Mutter wieder anders, so gibt es auch Gottesdienste, die den einen Christen eher ansprechen als den anderen. Und in eurer Gemeinde gibt es wahrscheinlich auch nicht alle Formen von Gottesdiensten, die ich nun beschreibe. Schau dir also vielleicht erst einmal jene an, die es bei euch gibt.

Das Stundengebet

Das Stundengebet hat eine lange Geschichte. Schon in den ersten Jahrhunderten trafen sich die Christen zu bestimmten Stunden morgens und abends zum Gebet. Wie die Juden beteten oder sangen sie dabei auch aus der Liedersammlung des Alten Testaments: den Psalmen. Das Morgengebet nennt man bis heute Laudes, das Abendgebet Vesper. Andere Gebetszeiten kamen hinzu, so die Komplet, das Gebet zum Tagesschluss. (Du kennst das sinnverwandte Wort: komplett. Wenn etwas komplett ist, dann ist es abgeschlossen.) In den folgenden Jahrhunderten wurde dieses Stundengebet dann fast nur noch von den Priestern privat oder in Klöstern gebetet. Dort werden auch heute noch die verschiedenen Gebetszeiten eingehalten.

Erst in unserer Zeit treffen sich wieder Christen, um zu diesen Stunden auch gemeinsam Gott zu loben und seinen Segen für den beginnenden Tag oder die beginnende Nacht zu erbitten. Vesper und Laudes sind die wichtigsten Gebetszeiten des Stundengebets. Besonders an Weihnachten, Ostern oder anderen hohen Kirchenfesten wird der Tag in vielen Gemeinden mit einer feierlichen Vesper beendet.

Im Mittelpunkt des Stundengebets steht immer ein Text aus dem Neuen Testament, zum Beispiel bei der Vesper der Lobgesang Mariens = Magnificat (Lukasevangelium 1,46–55).

Der Ministrantendienst

Bei einer feierlichen Vesper können Ministranten mit Vortragekreuz, zwei Leuchtern und Weihrauch mit einziehen. Zu Beginn des Magnificats legt der Priester Weihrauch ein und beräuchert Altar und Kreuz; ein Messdiener/eine Messdienerin beräuchert den Priester und anschließend die Gläubigen.

Andacht mit sakramentalem Segen

Die Andacht ist zu einer Zeit entstanden, als den einfachen Menschen die Handlung und die lateinische Sprache des Gottesdienstes fremd geworden waren. Sie konnten nicht mehr richtig mitfeiern – sie waren nur noch Zuschauer. Das »Altarsakrament«, also die verwandelte Hostie, zu verehren, war und ist bis heute eine Möglichkeit, den Glauben auszudrücken.
Es gibt verschiedene Formen, eine Andacht zu gestalten, auch *Rosenkranz- und Maiandachten* gehören dazu.

Bei feierlichen Gelegenheiten und bei Andachten, in denen die Eucharistie im Mittelpunkt steht (eucharistische Andacht), wird dabei der sakramentale Segen gespendet. Anstatt wie beim Gottesdienst mit der Hand, segnet der Priester die Anwesenden mit der großen Hostie in der Monstranz: Nach den Gebeten und Lesungen, manchmal auch schon zu Beginn des Gottesdienstes, holt der Priester oder Diakon die Custodia (siehe Seite 49) mit dem eucharistischen Brot aus dem Tabernakel. Der Küster/die Küsterin oder auch ein Ministrant oder eine Ministrantin stellt die Monstranz auf den Altar. Die Hostie wird nun in der Monstranz ausgesetzt. (Das heißt so viel wie: ausgestellt.)

Alle knien dabei nieder. Der Priester beweihräuchert die Hostie in der Monstranz.

Vor dem Segen singen wir meist das »Tantum ergo« in Lateinisch oder Deutsch: »Sakrament der Liebe Gottes«. Dabei wird das Schultervelum hereingebracht und dem Priester oder Diakon umgelegt.

Nach dem Segen stellt der Priester oder Diakon die Custodia mit der Hostie wieder in den Tabernakel zurück.

Der Ministrantendienst
Während des Segens spendet ein Ministrant/eine Ministrantin Weihrauch, und die Altarglocke wird dreimal geläutet.

Kreuzwegandacht

In vielen Kirchen hängen an den Wänden Bilder, die den Kreuzweg Jesu zeigen. Aus der Bibel kennen wir den Leidensweg Jesu. Anhand dieser Passionsgeschichte werden meist 14 Kreuzwegstationen von der Verurteilung Jesu bis zur Kreuzigung und Grablegung dargestellt.

In Wallfahrtsorten sind manchmal auch Kreuzwegbilder an einem Weg entlang aufgestellt. Die Menschen gehen dann betend von einer Station zur nächsten.

Vor allem in der Woche vor Ostern, der Karwoche, treffen sich die Gläubigen in der Kirche und gedenken anhand dieser Stationen des Leidens und Sterbens Jesu.

Vielerorts gestalten Jugendliche in der Fastenzeit einen eigenen Jugendkreuzweg.

Maiandacht

Im Monat Mai, in dem in der Natur alles wächst und blüht, wird in vielen Gemeinden in besonderer Weise an Maria gedacht. In sogenannten Maiandachten wird vor dem mit Blumen und Kerzen geschmückten Marienaltar in Gebeten und Liedern Maria als Mutter Jesu geehrt. Achtet einmal darauf: Auch in den Sonntagsgottesdiensten wird besonders im Monat Mai häufig als Schlusslied ein Marienlied gesungen.

Rosenkranzgebet

Der Rosenkranz ist eine besondere Gebetsschnur mit einem Kreuz, auf der fünf mal zehn Perlen aufgereiht sind. Während man mit den Fingern von Perle zu Perle gleitet, betet man: bei der großen Perle das Vaterunser, bei den kleinen Perlen ein »Gegrüßet seist du, Maria«.

Zu Beginn nimmt man das Kreuz in die Hand und betet das Glaubensbekenntnis.

Ein Rosenkranz hat fünf »Gesätze«. Gesätz nennt man einen der Abschnitte mit zehn »Gegrüßet seist du, Maria«. In jedem dieser Gesätze wird ein anderes »Geheimnis« aus dem Leben Jesu genannt und in das Gebet eingeflochten.

Ein Beispiel: Gegrüßet seist du, Maria, voll der Gnade, der Herr ist mir dir. Du bist gebenedeit unter den Frauen, und gebenedeit ist die Frucht deines Leibes, Jesus – der von den Toten auferstanden ist. Heilige Maria, Mutter Gottes, bitte für uns Sünder, jetzt und in der Stunde unseres Todes. Amen.

Bußgottesdienst – Bußfeier – Versöhnungsgottesdienst

Es gibt verschiedene Wege, Schuld zu bereuen und Gott um Vergebung zu bitten. Neben dem Bußsakrament, der Beichte, geschieht dies zum Beispiel während der Messe, wenn wir bekennen, dass wir »Gutes unterlassen und Böses getan haben«. Dazu gehört auch, zu versuchen, unsere Fehler wiedergutzumachen.

Wenn ich Fehler gemacht habe, betrifft dies in der Regel auch andere Menschen. Beim Bußgottesdienst wird besonders deutlich, dass wir alle zur Gemeinschaft der Christen, der Kirche, gehören und füreinander Verantwortung tragen.

Vor allem in der Fastenzeit und der Adventszeit kommen Christen zu einem Gottesdienst zusammen, um über ihre Fehler nachzudenken, ihre Schuld voreinander und vor Gott zu bekennen und zu überlegen, was man anders und besser machen könnte. Am Ende des Gottesdienstes steht die Bitte um Gottes Vergebung, die der Gottesdienstleiter im Namen der Gemeinde ausspricht.

Früh- oder Spätschicht

Die sogenannten Früh- oder Spätschichten findet man vor allem in der Advents- oder Fastenzeit in vielen Gemeinden. Bei der Frühschicht treffen sich Christen vor dem Unterricht oder dem Arbeitstag zum Gebet und bleiben dann noch zum gemeinsamen Frühstück zusammen. Die Spätschicht lässt den Tag mit einer Gebetszeit und einem anschließenden Beisammensein ausklingen.

Wort-Gottes-Feiern – sonntägliche Wortgottesdienste

Vielleicht gehörst du auch zu einer Gemeinde, in der es nicht mehr möglich ist, jeden Sonntag eine Messe zu feiern, da euer Pfarrer für mehrere Gemeinden zuständig ist. Wortgottesdienste ohne Priester, man nennt sie auch »Wort-Gottes-Feiern«, werden zum Beispiel von einer Pastoralreferentin, einem Gemeindereferenten oder sonst einem vom Bischof beauftragten engagierten Gemeindemitglied geleitet. Eine solche Feier ist im ersten Teil dem Wortgottesdienst der Messfeier ähnlich, der Verlauf des zweiten Teils hängt davon ab, ob die Kommunion ausgeteilt wird. Auf jeden Fall findet natürlich keine Gabenbereitung statt, da es ja auch kein Großes Lobgebet mit Wandlung der Gaben gibt.

Wie euer Dienst bei der Wort-Gottes-Feier in deiner Gemeinde genau aussieht, muss vorher abgesprochen werden.

Gott ist uns nahe – Die Feier der Sakramente und Sakramentalien

Im folgenden Kapitel möchte ich dir von heiligen Zeichen erzählen – das bedeutet das Wort »Sakramente«. Besondere Zeichen kennst du auch, wenn du an deine Freundinnen und Freunde denkst. Wenn dich dein Freund anruft, weil er weiß, es geht dir zurzeit nicht so gut, dann ist das ein Zeichen, dass er sich Sorgen um dich macht. Aber du spürst auch: Du bist für deinen Freund wichtig. Wenn deine Freundin dir etwas schenkt, einfach so, weißt du: Sie mag dich. Dann ist es nicht wichtig, wie teuer das Geschenk war, sondern wichtig ist: Sie hat an dich gedacht! Und immer, wenn du dieses Geschenk zur Hand nimmst, wirst du auch an deine Freundin denken. Sie ist dir in diesem Moment besonders nah.

Sakramente sind auch solche Zeichen. In diesen Zeichen zeigt Jesus uns, dass er uns gern hat wie ein guter Freund oder eine gute Freundin. Und er will uns in diesen Zeichen besonders nahe sein. Jesus hat in seinem Leben und Tun den Menschen die frohe Botschaft von der Liebe Gottes gebracht. Er hat die Menschen getröstet, sie geheilt, er hat mit ihnen gegessen und gefeiert und ihnen immer wieder vom guten Vater im Himmel erzählt. So will er nun auch uns durch die Sakramente in den täglichen Dingen des Lebens begegnen: zum Beispiel im Übergießen mit Wasser bei der Taufe, im Zeichen von Brot und Wein bei der Eucharistie. Er möchte uns das ganze Leben lang helfend begleiten.

Die Worte, die der Priester oder Diakon bei der Spendung der Sakramente spricht, erklären uns, was mit dem Zeichen genau gemeint ist. Deshalb sind sie ebenso wichtig wie das, was er dabei tut. Wir glauben, dass das, was in diesen Zeichen getan und was im Wort Gottes zusagt wird, durch den Geist Gottes in unserem Leben tatsächlich geschehen kann. Aber jede Gabe wird erst zum Geschenk, wenn der Beschenkte sie annimmt, sich darüber freut und sie gebraucht.

Denke noch einmal an das Geschenk von deiner Freundin. Wenn du nur siehst, wie teuer es war, wirst du nichts von dem erfahren, was dahintersteckt: die Mühe, es auszusuchen und zu verpacken. Dass sie dir damit eine Freude machen und zeigen wollte, wie sehr sie dich mag.

So ist es auch mit den Sakramenten: Wir müssen sie auch annehmen und gebrauchen.

> ⟹ *Katholische Christen feiern sieben solcher besonderer Zeichen der Freundschaft Gottes mit den Menschen, sieben Sakramente:*
> Die Taufe, die Firmung, die Eucharistie, die Feier der Versöhnung, die Krankensalbung, die Weihe, die Ehe.

Außer diesen sieben Sakramenten gibt es noch andere, ähnliche zeichenhafte Handlungen, die man *Sakramentalien* (= sakramentenähnliche) Handlungen nennt. Zu ihnen gehören vor allem die Segnungen, zum Beispiel von Wasser, Kerzen, Palmzweigen, Häusern, Bildern und Ähnlichem. Auch die Beerdigung zählt dazu.

Die Taufe

Die Taufe ist das erste und grundlegende Sakrament: Sie nimmt uns in die Gemeinschaft der Christen auf. Das ist für alle ein Grund zur Freude. Deshalb ist es besonders schön, wenn viele Menschen an der Feier teilnehmen. So findet eine Tauffeier manchmal auch während der Sonntagsmesse oder an Ostern statt.

Die Taufe wird in der Regel an einem Sonntag gespendet. Der Sonntag ist ja, wie du weißt, der Tag der Auferstehung Christi. In der frühen Zeit des Christentums wurden vor allem erwachsene Menschen getauft, die vorher lernten, was es mit Christus und dem Glauben der Christen auf sich hat. Sie haben sich lange darauf vorbereitet. An Ostern, dem Fest der Auferstehung, wurden sie dann feierlich durch die Taufe in die Gemeinschaft der Christen aufgenommen.

Auch heute werden wieder häufig ältere Kinder, Jugendliche und Erwachsene getauft.

Wie beim Gottesdienst wird auch hier ein Text aus der Bibel gelesen und kurz erklärt, und es werden Fürbitten und das Vaterunser gesprochen.

Im Mittelpunkt der Taufe steht das Übergießen des Kopfes mit geweihtem Wasser und die dazu gesprochenen Worte: »… (Name des Täuflings), ich taufe dich im Namen des Vaters und des Sohnes und des Heiligen Geistes.« Das Wichtigste also, was man für die Feier der Taufe braucht, ist Wasser. Warum wohl Wasser? Wasser reinigt, es sprudelt und belebt, ja schenkt Leben. Es ist lebensnotwendig: Ohne Wasser könnte die Welt nicht existieren, keine Pflanzen, keine Tiere, keine Menschen. Vieles, was man über das Wasser sagen kann, gilt auch für die Taufe. Die Taufe reinigt wie das Wasser; Gott vergibt dem Menschen in der Taufe alle Schuld. Und durch die Taufe soll der Mensch ein lebendiger, ein vor Freude »sprudelnder« Christ werden.

Neben dem Wasser sind aber auch noch andere Zeichen wichtig: Taufkerze, Taufkleid und Chrisam:

Die **Taufkerze** wird an der Osterkerze entzündet. Sie sagt uns: Licht macht hell, und der auferstandene Christus will unser Leben hell machen.

Das weiße **Taufkleid,** das dem Kind bei der Taufe überreicht oder angezogen wird, drückt Feierlichkeit und Freude aus. (Weiße Messgewänder trägt der Priester während besonderer Feste und Festzeiten im Kirchenjahr.) Der Apostel Paulus schreibt: »Zieht den neuen Menschen an, der nach dem Bild Gottes geschaffen ist.« Übrigens kommt auch der Name »Weißer Sonntag« nicht von den weißen Erstkommunionkleidern, sondern von den Taufkleidern her, die in vergangener Zeit von den erwachsenen Getauften von Ostern bis zum »Weißen Sonntag«, dem Sonntag nach Ostern, getragen wurden.

Der Täufling wird mit **Chrisam,** einem vom Bischof geweihten Öl, gesalbt. Früher wurden die Könige, Priester und Propheten mit Chrisam gesalbt. Dies bedeutet: Sie sollten ihr Amt mit Kraft und Würde ausüben. Chrisam und Christus klingen ähnlich. Beide Wörter werden von demselben griechischen Grundwort abgeleitet. Christus heißt: der Gesalbte.

Der Ministrantendienst bei der Taufe

 Hier findest du den Ablauf der Taufe, der natürlich auch einmal etwas anders sein kann, zum Beispiel wenn die Taufeltern besondere Wünsche haben. In kursiver Schrift siehst du, wann dein Dienst gefordert ist.

Eröffnung
Messdienerinnen und Messdiener begleiten den Priester oder Diakon.

Begrüßung der Eltern und Paten am Eingang der Kirche oder dort, wo Eltern und Paten sich mit den Täuflingen und der Gemeinde versammelt haben.

Fragen an Eltern und Paten
Frage nach dem Namen des Kindes, nach dem Taufwunsch der Eltern und der Bereitschaft der Paten.

Der Priester/Diakon zeichnet dem Kind ein Kreuz auf die Stirn. Danach die Eltern, Paten und eventuell die Geschwister.

Gebet

Wortgottesdienst
Alle ziehen gemeinsam zum Ort des Wortgottesdienstes.

Messdienerin/Messdiener hält eventuell die entsprechenden Bücher (»Die Feier der Kindertaufe«, Lektionar).
Lesung(en)

Predigt

Anrufung der Heiligen und Fürbitten

Gebet um Schutz vor dem Bösen

(Messdienerin/Messdiener bringt Katechumenenöl und einen Wattebausch.)
Salbung mit Katechumenenöl oder Handauflegung

Tauffeier
Die Taufgemeinde oder die Betroffenen ziehen mit dem Priester/ Diakon und den Ministranten zum Taufort.

Lobpreis und Anrufung Gottes über dem Taufwasser

Absage an das Böse und Glaubensbekenntnis

Messdiener bringen eventuell eine Kanne sowie ein Handtuch.
Taufe: Der Zelebrant spricht: »(Name), ich taufe dich im Namen des Vaters und des Sohnes und des Heiligen Geistes.«

Ausdeutende Riten
Messdiener bringt Chrisamgefäß und Wattebausch.
Salbung mit Chrisam

(Messdienerin/Messdiener reicht Taufkleid.)
Bekleidung mit dem weißen Taufgewand

Die Taufkerze wird vom Vater (Paten, einem Familienmitglied) an der Osterkerze entzündet.
Übergabe der brennenden Taufkerze

Eventuell Effata-Ritus
(Erinnert an die Heilung des Taubstummen. Der Zelebrant berührt dabei Ohren und Mund des Taufbewerbers)

Abschluss
Die Beteiligten ziehen in einer Prozession zum Altar. Die brennende(n) Taufkerze(n) wird/werden mitgetragen.

Vaterunser

Segen und Entlassung
Der Segen wird zuerst über die Mutter/die Mütter, dann über den Vater/die Väter, zuletzt über alle Anwesenden gesprochen.

(In manchen Gemeinden wird anschließend noch gemeinsam vor dem Marienaltar gebetet oder ein Lied gesungen.)

Die Firmung

Christen glauben: Der Geist Gottes verändert die Menschen. Er stärkt sie und hilft ihnen, so zu leben, wie es Jesus vorgelebt hat. Im Sakrament der Firmung schenkt uns Gott in besonderer

Weise seinen Heiligen Geist. In der Bibel können wir lesen, dass die Jünger und Apostel nach dem Tod Jesu sehr ängstlich waren. Sie wussten nicht, wie es mit ihnen und der Sache Jesu weitergehen sollte. In der Pfingstgeschichte wird erzählt, wie sie durch den Heiligen Geist Mut bekamen, furchtlos von Christus zu erzählen. So will auch uns das Sakrament der Firmung helfen, anderen von Jesus zu erzählen.

Der Heilige Geist bewegt und verändert die Menschen, wenn sie sich für ihn öffnen. Die Bibel hat viele Bilder für sein Wirken: Bei der Schöpfung schwebte der Geist Gottes über dem Wasser; am Pfingsttag beschreibt Sturmwind und Feuer seine lebendige und verändernde Kraft. Die Darstellung als Taube weist auf Frieden und Versöhnung hin.

Der Bischof oder sein Stellvertreter legt uns bei der Firmung die Hände auf und salbt uns mit Chrisam, ähnlich wie bei der Taufe. Dabei spricht er: »(Name), sei besiegelt durch die Gabe Gottes, den Heiligen Geist.« Der oder die Gefirmte bekräftigt dies mit »Amen«. Da wir bei der Taufe meist noch klein waren, haben unsere Eltern und Paten stellvertretend für uns zu Christus und der Kirche ja gesagt. Nun als Jugendliche oder junge Erwachsene sprechen wir selbst dieses Ja.

Der Ministrantendienst bei der Firmung

Da eine Firmung ja nicht allzu häufig stattfindet, muss der Dienst vorher genau abgesprochen und geübt werden. Hier nur einige Hinweise:

Beim feierlichen Einzug tragen die Ministrantinnen und Ministranten das Vortragekreuz und zwei Leuchter, es folgen die Altardiener.

Nach der Salbung reichen die Ministranten eine Wasserschale, Seife, Handtuch und eine Schale mit Kleie, Zitrone oder Ähnlichem zur Reinigung.

Falls ein Bischof die Firmung spendet, tragen zwei Ministranten Mitra (Bischofshut) und Bischofsstab.

Die Eucharistie

Die Feier der Eucharistie ist das größte und schönste Sakrament, das die Kirche feiert. Denn hier schenkt sich uns Christus in den Gestalten von Brot und Wein.

Im Kirchenjahr gibt es zwei Feste, bei denen wir ganz besonders an dieses Sakrament denken: An Gründonnerstag feiern wir die Einsetzung des Abendmahls. Und an Fronleichnam verehren wir ebenfalls den Leib des Herrn. Wo es möglich ist, wird dabei in einer feierlichen Prozession das eucharistische Brot durch die Straßen der Stadt getragen.

Der »Weiße Sonntag« ist sicher für jeden ein besonderer Tag. Aber hier geschieht ja nichts Einmaliges, sondern er sollte ja tatsächlich nur der »*Erst*kommuniontag« sein, der erste von vielen Tagen, an denen wir den Leib Christi empfangen.

Die Feier der Versöhnung – Beichte

Ein weiteres Sakrament ist das *Sakrament der Versöhnung*; man sagt auch *Beichte* oder *Sakrament der Buße* dazu. Zu Beginn der Messe bekennen wir, dass wir »Gutes unterlassen und Böses getan haben«. Wir wissen, wenn wir etwas getan haben, was lieblos und nicht in Ordnung war, handeln wir auch immer gegen die Botschaft Jesu und gegen die Gemeinschaft der Christen. Wenn du von der Schule eine miese Stimmung mitbringst, deine Schwester oder deinen Bruder dumm anmachst und deiner Mutter nicht hilfst, wenn sie dich darum bittet, ist das nicht mehr allein deine Sache: Die ganze Familie ist betroffen.

Durch die Teilnahme an der Messfeier, den Besuch eines Buß- oder Versöhnungsgottesdienstes, aber vor allem auch, indem wir anderen helfen, können wir zeigen, dass uns unser liebloses Verhalten leidtut.

Jesus sagt uns: Ganz gleich, was du auch getan hast, dein Vater im Himmel hat dich lieb. Du darfst immer und mit allem zu ihm kommen, er wird dir verzeihen. Jesus hat von dieser Liebe sein ganzes Leben lang gesprochen; er ist sogar dafür in den Tod gegangen. Und er sagte: »Handelt ebenso.« Das heißt: Versucht ein wenig so zu leben, wie ich es euch vorgemacht habe. Aber Jesus wusste auch, dass die Menschen wieder Fehler machen, und er wollte ihnen immer wieder einen Neuanfang ermöglichen.

Im Beichtgespräch will der Priester uns helfen, über unsere Fehler nachzudenken und darüber, wie wir sie am besten vermeiden können. Im Namen Jesu Christi spricht er uns von unserer Schuld los und schenkt uns die Versöhnung und Gemeinschaft mit Gott und der Kirche neu.

Die Krankensalbung

Jesus hat sich ganz besonders um die Armen und Kranken gekümmert, sie immer wieder getröstet und viele geheilt. Wir nennen Jesus den »Heiland«. Darin steckt das Wort »heil« oder »heilen«. So ist es auch eine wichtige Aufgabe der Christen, Armen zu helfen und sich um kranke Menschen zu kümmern, sie zu besuchen und für sie zu beten.

Vielleicht hast du ja schon einmal einen kranken Freund oder eine kranke Freundin besucht? Oder deine Oma oder dein Opa ist schon einmal längere Zeit krank gewesen? Sicher hast du bemerkt, wie sehr sie sich über einen Besuch gefreut haben. Es ist einfach schön zu wissen: Da denkt jemand an mich.

So ist es auch, wenn Kommunionhelfer den Leib Christi zu den Kranken bringen und mit ihnen und vielleicht auch den Angehörigen beten. Die Kranken erfahren dann: Ich bin nicht allein. Ich gehöre auch dann zu dieser Gemeinde, wenn es mir nicht so gut geht und ich nicht mehr am Gottesdienst teilnehmen kann.

Im Brief des Apostels Jakobus lesen wir, wie ernst die ersten

Christen diesen Auftrag Jesu nahmen: Da heißt es: »Ist einer von euch krank? Dann rufe er die Presbyter (Älteste, Vorsteher) der Gemeinde zu sich: Sie sollen für ihn beten und ihn im Namen des Herrn mit Öl salben. Das Gebet aus dem Glauben wird ihn aufrichten; und wenn er Sünden begangen hat, werden sie ihm vergeben« (Jakobusbrief 5,14 und 15).

Diesen besonderen Dienst, von dem hier die Rede ist, die Salbung mit Öl, vollzieht der Priester bis heute an schwerkranken Menschen. Das Öl ist ein Zeichen der Stärkung. Das Sakrament der Krankensalbung soll dem Schwerkranken beistehen, ihn stärken und ihm Trost und Hoffnung schenken.

Die Weihe

Aus dem Kreis der Jünger hat Jesus zwölf ausgewählt, die in seinem Namen besondere Aufgaben ausführten. Sie verkündeten die frohe Botschaft, tauften und vergaben in Jesu Namen die Schuld. Sie legten den Christen die Hände auf, damit diese die Kraft Gottes im Heiligen Geist empfingen. Vor allem leiteten sie die Gemeinden und feierten mit den Gläubigen zusammen das »Mahl«, so wie Jesus es ihnen aufgetragen hat.

Das Amt der Apostel und ihrer Helfer wurde all die Jahrhunderte durch Handauflegung und Gebet weitergegeben. Es gibt drei Stufen des Weihesakraments. Bis heute empfangen Diakone, Priester und Bischöfe das Sakrament der Weihe durch Handauflegung und Gebet ihres Bischofs oder der Bischöfe. Der Bischof, als Nachfolger der Apostel, ist Leiter der Diözese. Der Priester ist sein verantwortlicher Mitarbeiter. Der Diakon (das bedeutet Diener) hilft vor allem beim Dienst an den Notleidenden und bei der Liturgie.

Die Ehe

Wenn zwei Menschen sich entschließen, ein Leben lang in einer Liebes- und Lebensgemeinschaft füreinander da zu sein, und sie als Christen diese wichtige Entscheidung auch in der Gemeinschaft der Kirche bekräftigen möchten, bitten sie um die Trauung. Sie wollen in einer gemeinsamen Feier mit Verwandten, Freunden und der ganzen Gemeinde vor Gott »Ja« zueinander sagen und um seinen Segen bitten. Das Wort »Trauung« hat ja etwas mit Vertrauen und Treue zu tun. Das Ja soll ein ganzes Leben lang halten, auch dann, wenn es Streit und Sorgen gibt, Krankheit und Not. Das ist oft sehr schwierig, und nicht immer gelingt es.

Ein schönes Zeichen für das Sakrament der Ehe sind die Ringe. Der Ring ist ein rundes Band ohne Ende, es ist ein Zeichen der Treue und Bindung. Und die innigste Bindung, die zwei Menschen eingehen können, ist die Ehe.

Der Ministrantendienst bei der Trauung

Eröffnung
Die Messdienerinnen und Messdiener begleiten den Priester/Diakon.

Das Brautpaar, die Trauzeugen und die Hochzeitsgäste werden vom Priester oder vom Diakon am Eingang der Kirche empfangen.

Gebet

Wortgottesdienst
(Dienst der Messdienerinnen und Messdiener wie beim Wortgottesdienst innerhalb der Messe)

Lesungen (bei einem Wortgottesdienst eventuell nur eine Lesung)

Predigt

Trauung

Befragung der Brautleute
Messdiener stehen links und rechts neben dem Priester oder Diakon.

Die Segnung der Ringe
Messdiener halten das Weihwassergefäß mit Aspergill und das Tablett mit den Ringen bereit.

Der Priester oder Diakon spricht ein Segensgebet und besprengt die Ringe mit Weihwasser.

Die Vermählung
Ein Messdiener/eine Messdienerin hält die Ringe bereit.

Während des Vermählungsspruchs stecken sich Bräutigam und Braut gegenseitig die Ringe an.

Die Bestätigung der Vermählung

Feierlicher Trauungssegen

Fürbitten

(Bei einer Messe beginnt mit der Gabenbereitung die Eucharistiefeier.)

Vaterunser

Abschluss

Die kirchliche Begräbnisfeier

Vielleicht warst du schon einmal bei einer Beerdigung oder du musstest erleben, dass jemand gestorben ist, der dir ganz wichtig war. Man wird ganz hilflos, wenn man begreift: Dieser Mensch wird nun nie wieder mit mir sprechen oder lachen, und ich kann nie wieder seine Wärme spüren. Und doch gibt es da noch etwas anderes. Als Christen glauben wir, dass mit dem Tod nicht alles zu Ende ist, sondern dass er für uns ein Durchgang zu einem neuen Leben ist, einem Leben mit Gott. Deshalb brennt bei der Messfeier für Verstorbene als Zeichen der Auferstehung die Osterkerze. Deshalb wird auch oft ein österliches Lied gesungen. Es drückt unsere Hoffnung aus, dass unsere verstorbenen Angehörigen und Freunde bei Gott sind. Das zeigt sich auch bei der liturgischen Farbe. Während es früher immer das Schwarz war, wird heute meist die violette Farbe gewählt.

Die Besprengung mit Weihwasser auf dem Friedhof erinnert uns an die Taufe. Der oder die Verstorbene gehört auch über den Tod hinaus zur großen Gemeinschaft der Glaubenden. Besonders an den Festen Allerheiligen und Allerseelen, an denen wir die Gräber der Verstorbenen besuchen, erinnern wir uns daran, dass alle Christen zu aller Zeit zur großen Glaubensgemeinschaft gehören.

Die Trauernden dürfen wissen, dass sie nicht allein sind, sondern dass die Gemeinde ihre Trauer teilt und für sie und mit ihnen betet.

Für die Begräbnisfeier gibt es je nach den Bräuchen und Gegebenheiten am Ort verschiedene Möglichkeiten. So spielt hier zum Beispiel auch die Entfernung zwischen Kirche und Friedhof eine Rolle und ob das Requiem, der Trauergottesdienst, im Zusammenhang mit der Beerdigung gefeiert wird. Auch gibt es immer häufiger Urnenbeisetzungen.

Wenn du bei einer Beerdigung den Ministrantendienst übernimmst, solltest du dich auf jeden Fall nach den Besonderheiten erkundigen.

Wenn die Messe für die Verstorbenen und der Wortgottesdienst mit anschließender Beerdigung zeitlich getrennt sind, spricht man von einer Liturgie mit *zwei Stationen* – in der Friedhofskapelle und am Grab:

Der Ministrantendienst bei der Begräbnisfeier

 *In der Friedhofskapelle oder der Trauerhalle*
Je nachdem, wie viele Ministrantinnen und Ministranten anwesend sind, nehmen sie (1) Weihwasser, (2) Weihrauchfass und Schiffchen und (3) das Vortragekreuz mit.

Eröffnung
Lied, Begrüßung

Verneigung vor dem Sarg
  (Ministrant/Ministrantin reicht Weihwasser)
(Eventuell Besprengung mit Weihwasser)

Kyrie, Gebet

Wortgottesdienst
  Ministranten stehen neben dem Zelebranten.

Schriftlesung, Predigt, Verabschiedung mit Psalmgebet oder Lied, Anrufungen (= Bitten), Gebet

Prozession zum Grab
Zelebrant und Messdiener/innen gehen vor oder hinter dem Sarg, die Angehörigen und Trauergäste dahinter.
  Ein Messdiener/eine Messdienerin geht mit dem Kreuz voran, die anderen gehen beim Priester oder Diakon.

Auf dem Weg können Gebete gesprochen oder Lieder/Psalmen gesungen werden.

Am Grab (Beisetzung)
  Ministranten stehen rechts und links vom Zelebranten vor dem Sarg.

Segnung des Grabes
  (Messdienerin/Messdiener reicht Weihwasser)

(Eventuell Segnung mit Weihwasser)

(Weihrauchfass und Schiffchen bereithalten)

Der Sarg wird ins Grab gesenkt.

Messdiener/Messdienerin reicht Weihwasser.
Besprengung mit Weihwasser

(Beräucherung mit Weihrauch)

Zelebrant wirft Erde auf den Sarg (Zeichen für die Sterblichkeit des Menschen).

Zelebrant bezeichnet das Grab mit dem Kreuz (Zeichen der Hoffnung auf Auferstehung und Leben).

Gebet für Verstorbene und Lebende:
Fürbitten, Vaterunser, Schlussgebet

Abschluss
Segenswort, zum Beispiel: Herr, gib ihm (ihr) die ewige Ruhe …

Messdienerinnen und Messdiener gehen mit dem Zelebranten zurück zur Kapelle oder zur Trauerhalle.

Ein Jahr voller Feste – Das Kirchenjahr

Wenn ich dich jetzt fragen könnte, wann ein neues Jahr beginnt, würdest du natürlich sofort sagen: Das ist doch ganz einfach, an Neujahr. Vielleicht würdest du genauer sagen: Am 31.12., an Silvester, um 24 Uhr fängt das neue Jahr an. Wenn ich dich nun aber fragen würde, wann in der Kirche das neue Jahr beginnt – ob du da auch so schnell eine Antwort wüsstest? Ja, die Christen feiern neben dem Kalenderjahr ein eigenes »Jahr«. Man nennt es das Kirchenjahr. Du hast ja schon gehört, dass Christen viele Feste feiern. Das Kirchenjahr nun erinnert an die verschiedenen Begebenheiten im Leben Jesu. »Jeder

OSTERFESTKREIS

Die drei österlichen Tage

Hochfest der
Auferstehung des Herrn
Ostern

Karfreitag

Gründonnerstag

Palmsonntag

1.–5. Fasten-
sonntag

Aschermittwoch

2.–(9.) Sonntag
im Jahreskreis

Taufe des Herrn

Erscheinung
des Herrn

2. So. n. Wehn.

1. Januar
Hochfest der Gottes-
mutter Maria

Fest der
hl. Familie

Hochfest
der Geburt des Herrn
Weihnachten

1.–4. Advents-
sonntag

Christkönigs-
sonntag

Herz-Jesu-Fest

Fronleichnam

Dreifaltigkeits-
sonntag

(7.)–33. So.
im Jahreskreis mit

Pfingsten

7. So. d. Osterzt.

Christi
Himmelfahrt

2.–6. Sonntag
der Osterzeit

ZEIT I. JAHRESKREIS

ZEIT I. J.

ZEIT I. J.

WEIHNACHTSFESTKREIS

Sonntag ist wie ein kleines Osterfest«, so hast du bereits gelesen. Diese wöchentliche Auferstehungsfeier, der Sonntag, ist das älteste Fest der Christen überhaupt. Und auch *Ostern* ist mit Abstand das älteste Fest, das Christen jährlich feiern. Vielleicht hättest du auf *Weihnachten* getippt, aber schon eine alte Schrift um das Jahr 170 nach Christus erzählt von einer Auferstehungsfeier in der Osternacht. Wahrscheinlich wurde sie bereits zur Zeit der Apostel begangen, während man das Weihnachtsfest erst seit dem 4. Jahrhundert feierte.

Aber es gibt im Leben Jesu ja viele wichtige Ereignisse. Daran wollten sich die Christen immer wieder erinnern und dabei überlegen, was sie für das eigene Leben bedeuten. So entstanden immer mehr Feste, die wir jedes Jahr feiern.

⇒ Und bald gab es zwei große Festzeiten oder Festkreise, die sich um die beiden großen Feste gebildet hatten:

den *Osterfestkreis* in der Zeit zwischen Aschermittwoch und Pfingstsonntag, mit den drei heiligen Tagen Gründonnerstag, Karfreitag und Ostern im Mittelpunkt,

und den *Weihnachtsfestkreis* vom 1. Adventssonntag bis zum Fest Taufe des Herrn mit Weihnachten als wichtigstem Fest.

Die Sonn- und Wochentage im Jahr, die zu keiner dieser beiden Festzeiten gehören, nennen wir die *»Zeit im Jahreskreis«*. Sie umfasst, einschließlich des Christkönigssonntags, 34 Sonntage. So, nun kennst du schon die »Eckpfeiler« des Kirchenjahres. Später erzähle ich dir noch etwas mehr über die Feste und Festzeiten.

Ob du bereits die Feste und Zeiten im Kirchenjahr kennst, bei denen es in dem nachfolgenden Rätsel geht, kannst du jetzt schon mal testen. Aber mach dir nichts daraus, wenn du noch nicht alles weißt. Lies das nachfolgende Kapitel und versuch es noch einmal.

Rätselecke: Weißt du Bescheid? – Bekannte Feste und Zeiten im Kirchenjahr

Beim Eintragen der richtigen Begriffe ergibt die senkrecht markierte Zeile ein Fest, bei dem die Verehrung der Eucharistie, also des Leibes und Blutes Christi, im Mittelpunkt steht.
(ü = ue)

1. An diesem Tag feiern wir die Herabkunft des Heiligen Geistes. Es ist der 50. und letzte Tag der Osterzeit.
2. Ein Tag der Trauer. Wir denken an Jesu Tod am Kreuz.
3. Das höchste Fest der Christenheit. An diesem Tag feiern wir die Auferstehung Jesu.
4. Der Tag hat seinen Namen von den Zweigen, die die Menschen in Jerusalem Jesus als Zeichen seines Königtums vorantrugen. Mit diesem Tag beginnt die Karwoche.
5. Dieses Fest wird am 1. November begangen. Obwohl eigentlich erst am nächsten Tag der Verstorbenen gedacht wird, betet man in vielen Gemeinden schon am Nachmittag auf dem Friedhof für die Angehörigen. Anschließend werden die Gräber gesegnet.
6. Es ist die Vorbereitungszeit von Weihnachten.
7. Auch dem Osterfest geht eine längere Vorbereitungszeit voraus. Sie dauert 40 Tage.
8. Die Kirche beginnt die 40-tägige Vorbereitungszeit auf Ostern mit einem besonderen Tag. Im Gottesdienst erhalten die Menschen als Symbol für ihre Bereitschaft zur Umkehr und zur Buße ein besonderes Zeichen auf die Stirn.
9. Ein anderer Name für das Geburtsfest Jesu.
10. Wir erinnern uns an diesem Tag daran, wie Jesus mit seinen Jüngern das Abendmahl feierte.
11. Der erste Tag der Woche. An diesem Tag, dem Auferstehungstag Jesu, feiern die Christen von Anfang an die Messe (Eucharistie).
12. Das Fest wird 40 Tage nach Ostern begangen. Jesus verabschiedet sich von seinen Jüngern und kündigt ihnen einen anderen Beistand an. Er selbst ist nun bei seinem Vater im Himmel.

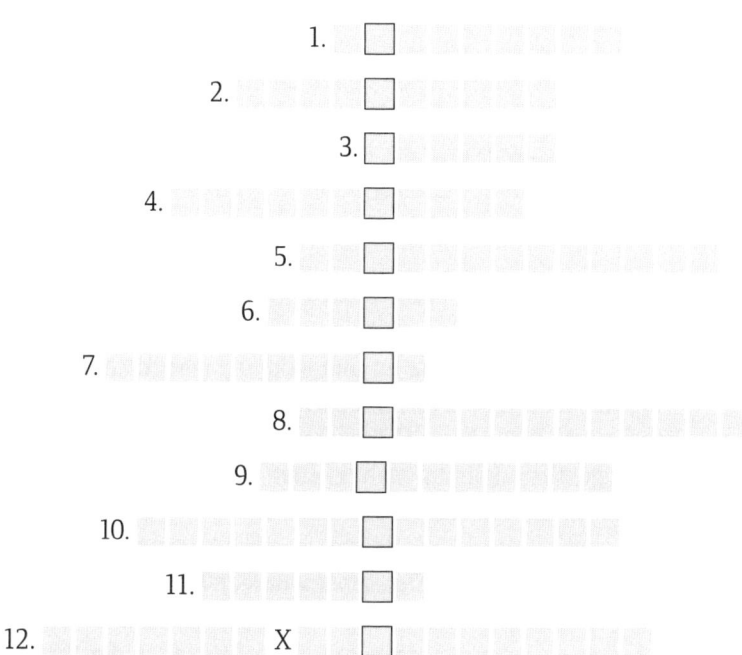

1. ☐
2. ☐
3. ☐
4. ☐
5. ☐
6. ☐
7. ☐
8. ☐
9. ☐
10. ☐
11. ☐
12. X ☐

Zeit der Erwartung – Der Advent

Fast jeder weiß, dass es vier Adventssonntage gibt, bevor wir dann Weihnachten feiern. Das sehen wir schon an den Kerzen des Adventskranzes. Aber ich glaube, nur wenige wissen noch, dass die Adventszeit von ihrem Ursprung her so etwas wie eine Bußzeit, eine kleine »Fastenzeit« ist. Ihr könnt es an den violetten Gewändern sehen, die im Advent getragen werden. Violett ist ja die Farbe der Buße und Umkehr. Und Advent heißt so viel wie Ankunft. Während dieser Zeit bereiten wir uns also auf die Ankunft des Herrn, auf die Feier seiner Geburt vor. Und von alters her hat man vor einem großen Fest gefastet.

Auch in den Texten aus dem Alten und Neuen Testament, die während der Messe vorgelesen werden, geht es oft um Besinnung und Umkehr. Wir hören vom Propheten Jesaja und von Johannes dem Täufer. Beide haben die Menschen zur Umkehr aufgerufen. Johannes den Täufer nennt man den Wegbereiter Jesu. Und auch wenn wir das heute kaum noch merken: Advent hat noch mit einer zweiten Ankunft zu tun: der Ankunft Jesu am Ende aller Zeit.

Jesus ist geboren – Weihnachten

Weihnachten – da denkst du und wohl die meisten Menschen in vielen Ländern der Erde an Geschenke, an Tannengrün, Kerzenlicht und Plätzchen. Weihnachten ist ein ganz besonderes Fest. Eigentlich könnte man meinen, Weihnachten sei das wichtigste Fest überhaupt. Und doch ist es, wie du weißt, Ostern: In den ersten Jahrhunderten gab es überhaupt noch kein Weihnachtsfest. Am 25. Dezember wurde in Rom der »Geburtstag des unbesiegbaren Sonnengottes« begangen. Für die Christen damals war dies wahrscheinlich ein Anreiz, an diesem Tag das »Geburtsfest Jesu« zu feiern und zu zeigen, wer für sie die einzige, unbesiegbare Sonne ist: Jesus Christus.
Die Erzählung von der Geburt Jesu in Bethlehem wurde im Laufe der Zeit ausgeschmückt, und es entwickelten sich viele Geschichten und Bräuche um Weihnachten. Oft bleibt da kaum Platz für das, was Weihnachten uns eigentlich sagen will: Gottes Sohn ist für uns Mensch geworden.
Jesus hat sich sein Leben lang besonders der armen, schwachen und kranken Menschen angenommen. Darauf weist schon das Weihnachtsevangelium hin. Wir hören ja, dass die Hirten die Ersten waren, die kamen, um das Kind anzubeten. Und Hirten waren zur damaligen Zeit ziemlich verrufen.
Auch in der Ostkirche, im Orient, übernahm man dieses Fest, obwohl die dortigen Christen bereits am Fest Epiphanie (6. Januar) der Menschwerdung Christi gedachten.

Epiphanie – Erscheinung des Herrn

Sicher kennst du dieses Fest, das man am 6. Januar feiert, aber vielleicht unter einem anderen Namen: An diesem Tag sind die Sternsinger unterwegs. Früher nannte man es auch »Drei Könige« oder Dreikönigsfest. Im Evangelium des Tages wird von den drei Weisen erzählt, die sich aufmachten, um dem Herrn der Welt Gaben zu bringen und ihm zu huldigen.

Epiphanie ist ein griechisches Wort und bedeutet »Erscheinung«. Man gebrauchte es in heidnischen Gegenden, um das »Erscheinen« einer Gottheit unter den Menschen, den Besuch eines Herrschers, der als »Gott« verehrt wurde, zu bezeichnen. Die dortigen Christen übernahmen das Wort für die Menschwerdung Christi, des Gottessohnes.

In der Bibel heißt es, es waren Weise aus dem Morgenland, die den neugeborenen König suchten, um ihn zu ehren und ihm Geschenke zu bringen. Dass es Weise, Sterndeuter »aus dem Morgenland«, Fremde aus den verschiedensten Ländern waren, lässt uns daran denken, dass Gott für alle Menschen auf der Welt da ist. Und sie alle gleichermaßen lieb hat.

Gleichzeitig feierte man an diesem Tag auch das Fest der Taufe des Herrn. Als Johannes der Täufer Jesus im Jordan taufte, offenbarte eine Stimme vom Himmel Jesus als den Sohn Gottes. Heute feiern wir dieses Fest am Sonntag nach »Erscheinung des Herrn«. Das Fest »Taufe des Herrn« beschließt den Weihnachtsfestkreis.

Advents- und Weihnachtsbräuche

Es gibt kaum eine Zeit, die die Fantasie der Menschen so angeregt hat wie die Advents- und Weihnachtszeit. Und so sind im Laufe der Jahrhunderte immer wieder neue Bräuche entstanden. Ich nenne nur einige wichtige:

Der Festtag des heiligen Nikolaus ist der 6. Dezember. Nikolaus war Bischof von Myra und lebte im 3. Jahrhundert. Viele Geschichten und Legenden beschreiben vor allem seine Wohltätigkeit und seine Kinderliebe. Deshalb werden bis heute an diesem Tag oder am Vorabend Süßigkeiten verteilt. Andere Heilige der Adventszeit sind zum Beispiel Barbara (4. Dezember) und Luzia (13. Dezember).

Unser Adventskranz ist ein Zeichen der Hoffnung. Der Kranz, ein Symbol für Geschlossenheit, ist mit immergrünen Zweigen geschmückt. Nadelbäume sind ja die einzigen Bäume, die auch im Winter grün sind, also niemals »ihre Blätter« verlieren. So wie das Grün dieser Zweige im kalten Winter Hoffnung auf den Frühling schenkt, so hoffen wir in der Adventszeit auf die Ankunft des Jesuskindes an Weihnachten. Dass an jedem Adventssonntag eine weitere Kerze entzündet wird, zeigt, dass unsere Hoffnung und auch die Vorfreude langsam zunehmen, bis an Weihnachten alles im hellen Licht erstrahlt.

Der heilige Franz von Assisi hat im Jahre 1232 in einer Höhle in Greccio in Italien eine Krippe gebaut. Damals konnten ja nur wenige Menschen lesen. So hatten sie die Möglichkeit, die Weihnachtsgeschichte anzuschauen und zu erfassen, was uns die Bibel über die Heilige Nacht erzählt.

Hast du schon einmal darüber nachgedacht, warum in vielen Ländern ein schön geschmückter Weihnachtsbaum oder Christbaum mit Kerzen aufgestellt wird? Nun, hier gilt das Gleiche wie für die Zweige am Adventskranz. Die Menschen dachten sich: Wie die immergrünen Zweige Zeichen der Hoffnung auf das Erwachen der Natur im Frühling sind, so wurde das Christuskind in der Krippe zur Hoffnung für die Menschen. Die brennenden Kerzen erinnern ebenfalls an Christus, der das Licht der Welt ist.

Das »Sternsingen« für Kinder in aller Welt ist auch bei den Minis ein besonderes Ereignis. Um das Fest »Erscheinung des Herrn« am 6. Januar gehen Jungen und Mädchen, als Drei Könige verkleidet, in die Häuser, singen Lieder und schreiben mit Kreide C + M + B und die Jahreszahl an die Tür. Diese Buchstaben sind nicht eine Abkürzung für die Namen der Heiligen Drei Könige, die man seit vielen Jahrhunderten Caspar, Melchior und Balthasar nennt. Nein, es sind die Anfangsbuchstaben der lateinischen Wörter: Christus mansionem benedicat = Christus segne dieses Haus.

Weitere Feste im Weihnachtskreis

Es gibt noch einige andere Feste in der Weihnachtszeit, die ich nur nenne. Dabei findest du auch die liturgische Farbe. Du weißt dann gleich, wie du dich an diesen Tagen als Ministrant kleiden musst.

8. Dezember: Hochfest der ohne Erbsünde empfangenen Jungfrau und Gottesmutter Maria (Weiß)

26. Dezember (2. Weihnachtsfeiertag): Stephanus (erster Märtyrer) (Rot)

1. Sonntag nach Weihnachten: Fest der Heiligen Familie (Weiß)

1. Januar: Hochfest der Gottesmutter Maria (Weiß)

Aschermittwoch und österliche Bußzeit

Nachdem du dich an Karneval oder Fasching verkleidet hattest und alle richtig toll gefeiert haben, beginnt am Aschermittwoch die Fastenzeit oder 40-tägige österliche Bußzeit. Auch wenn man heute kaum noch etwas davon merkt – eigentlich sind die Fastnachtstage genau so entstanden: Da die Menschen in der Fastenzeit auf so vieles verzichten mussten, sollten sie vorher noch einmal die Möglichkeit haben, gut zu essen und ausgelassen zu feiern.

Der erste Tag der österlichen Bußzeit ist der Aschermittwoch. Seinen Namen hat dieser Tag, weil zu Beginn des Gottesdienstes die Gläubigen mit Asche bezeichnet werden. Die Asche ist ein uraltes Zeichen der Buße und Reue. Die Menschen des Alten Testaments »hüllten sich in Sack und Asche«, um auf diese Weise ihre Bußgesinnung zu zeigen. Auch die Christen der ersten Jahrhunderte trugen in solchen Zeiten Trauerkleidung und verzichteten auf ihre Gesichtspflege. Wenn wir uns also mit dem Aschenkreuz bezeichnen lassen, sollten wir dabei überlegen, in welcher Weise wir uns in den kommenden Wochen auf das Osterfest vorbereiten können.

40 Jahre verbrachte das Volk Israel in der Wüste, bevor es in das Gelobte Land kam, und 40 Tage fastete Jesus. So steht es im Evangelium. Die Zahl 40 hat in der Bibel also eine ganz besondere Bedeutung. Es lag deshalb nahe, auch die Bußzeit vor Ostern auf 40 Tage festzulegen. Allerdings musst du beim Zählen beachten, dass du die Sonntage nicht mitrechnest, da der Sonntag als wöchentliche Auferstehungsfeier kein Fasttag sein kann. Wenn du die übrigen Wochentage zusammenrechnest, fällt der Beginn der Fastenzeit auf einen Mittwoch.

Der Palmsonntag – Jesus zieht in Jerusalem ein

In der letzten Woche vor Ostern erinnern wir uns besonders an die Leidenstage Jesu. Wir nennen diese Woche Karwoche. Das althochdeutsche Wort »kara« bedeutet so viel wie Trauer oder Wehklage. Die Karwoche fängt mit dem Palmsonntag an. Am Palmsonntag feiern wir den Einzug Jesu in Jerusalem. Die Menschen jubelten Jesus damals zu und streuten Palmzweige, Zeichen seines Königtums.

In vielen Gemeinden finden an diesem Tag Prozessionen mit Buchsbaumzweigen statt (da es bei uns nur wenige Palmen gibt). Eine solche Wiederholung des Einzugs in Jerusalem haben wir, wie viele Bräuche der kommenden Karliturgie, von

Christen übernommen, die an den überlieferten Orten in Jerusalem und Umgebung das Geschehen von Palmsonntag bis Ostern nacherleben wollten. Anders als zur Zeit Jesu, als die Menschen ihm wie einem König zujubelten und ihn kurz darauf verspotteten und seine Kreuzigung forderten, sollten Prozession und Hosanna-Rufe für uns bedeuten: Jesus ist unser Herr und König, er ist für uns ganz wichtig.

Gründonnerstag – Jesus feiert mit seinen Freunden das Abendmahl

Abendmahl, Kreuzestod und Auferstehung Jesu gehören ganz eng zusammen, so eng, dass man bis zum 4. Jahrhundert in der Osternacht an all diese Ereignisse dachte. Heute begehen wir die »drei österlichen Tage vom Leiden und Sterben, von der Grabesruhe und der Auferstehung des Herrn«, die mit der Abendmahlsmesse am Gründonnerstag beginnen.

Das Evangelium des Gründonnerstags erzählt, wie Jesus den Jüngern die Füße wäscht. Dies war ein Dienst, den sonst nur die Sklaven ausführten. Jesus tat diesen Dienst, um seinen Jüngern und auch uns damit zu zeigen, wie groß seine Liebe zu uns ist. Und er wollte uns zeigen, was er unter Nächstenliebe verstand. Kurze Zeit später wurde Jesus zum Tod am Kreuz verurteilt. Du erinnerst dich an die Worte beim Abendmahl; der Priester wiederholt sie in jeder Messe: »Das ist mein Leib, der für euch hingegeben wird.« Und: »Das ist der Kelch des neuen und ewigen Bundes, mein Blut, das für euch und für alle vergossen wird zur Vergebung der Sünden.«

Im Abendmahlsgottesdienst am Gründonnerstag kann der Priester eine solche Fußwaschung an zwölf Gemeindemitgliedern vornehmen. Dies soll nicht nur ein Nachspielen sein, sondern stellvertretend für die ganze Gemeinde zeigen hier einige Christen, dass sie Jesus in seiner Nächstenliebe nachfolgen möchten.

Am Ende der Messe wird das Allerheiligste an einen anderen Ort getragen und der Altar abgeräumt. Man spürt, die beiden kommenden Tage, der Karfreitag und der Karsamstag, sind etwas ganz Besonderes, etwas ganz anderes als die übrigen Tage. Der offene, leere Tabernakel, der Altar ohne Schmuck und Altartuch und die Stille lassen die Trauer der Kartage spürbar werden. Auch die Glocken werden nun bis zum Gloria in der Osternacht schweigen. Wo es üblich ist, werden in diesen Tagen statt der Glocken und Altarglocken nun von den Ministranten Ratschen oder Kleppern verwendet.

In den Anbetungsstunden dieser Nacht begleiten wir Jesus im Gebet zum Ölberg, wo er in großer Not und Todesangst seinen Vater um Hilfe anflehte.

Karfreitag – Jesu Leiden und Sterben

Der Karfreitag ist vor allem ein Tag der Trauer und des Leids. Das althochdeutsche Kara bedeutet so viel wie Trauer oder Wehklage. Die Christen treffen sich nach Möglichkeit um 15 Uhr, der Todesstunde Jesu, um an das Leiden und Sterben des Herrn zu denken.

An diesem Tag und auch am Karsamstag findet keine Messe statt.

Die Liturgie des Karfreitags ist in dieser Form einmalig. Sie besteht aus *Wortgottesdienst, Kreuzverehrung und Kommunionfeier.*

Der Wortgottesdienst ist sehr einfach gehalten. Nach dem Eröffnungsgebet und den Lesungen mit dem Antwortpsalm wird die Leidensgeschichte aus dem Johannesevangelium vorgelesen. Eine weitere Besonderheit der Karfreitagsliturgie sind die großen Fürbitten.

Bei der anschließenden Kreuzverehrung wird zunächst das verhüllte Kreuz, begleitet von zwei Messdienern mit Leuchtern, hereingebracht und dann vom Priester oder Diakon enthüllt. Die Gemeinde kommt nach vorne und zeigt ihre Verehrung durch eine Verneigung, eine Kniebeuge oder durch das Küssen des Kreuzes.

Für die Kommunionfeier wird der Altar gedeckt. Das Vaterunser leitet diesen Teil des Gottesdienstes ein. Der Kommunionempfang geht still und ruhig vor sich. Danach folgen Schlussgebet und Segen.

Die Feier der Osternacht – Ostern: Halleluja, Jesus ist auferstanden

Eigentlich müsste ich dich mit einem fröhlichen »Halleluja – Preiset den Herrn« und einer Kerze in der Hand zu diesem Kapitel begrüßen. Beides ist für die Feier der Osternacht und für die ganze Osterzeit wichtig.

Das »Halleluja« wird von Ostern bis Pfingsten in jedem Gottesdienst gebetet und gesungen und auch das Licht, besonders die *Osterkerze,* ist ein Kennzeichen der Osterzeit.

In der Osternacht erhalten die Gläubigen am Eingang der Kirche eine Kerze, und in vielen Gemeinden brennt ein Osterfeuer, an dem dann die Osterkerze, als Zeichen des auferstandenen Christus, entzündet wird. Lichtfeier nennt man deshalb den ersten Teil dieses festlichen Gottesdienstes. Die Osterkerze trägt die Zeichen Alpha und Omega, das bedeutet so viel wie Anfang und Ende, und außerdem die aktuelle Jahreszahl. Fünf rote Wachsnägel erinnern an die Wundmale Jesu. Während der Priester oder Diakon langsam mit der Osterkerze durch die noch dunkle Kirche zum Altar schreitet, ruft er dreimal »Lumen Christi« = Christus, das Licht. Die Gemeinde antwortet »Deo gratias« – Dank sei Gott. Das Licht der Osterkerze wird dabei an alle weitergegeben, sodass langsam die ganze Kirche hell wird. Das nun folgende »Exsultet« ist ein Lob auf die Osterkerze und damit auf Christus.

Der Wortgottesdienst der Osternacht unterscheidet sich von den »normalen« Gottesdiensten durch seine vielen Lesungen.

Seit alters sind in der Osternacht Erwachsene und Kinder durch das Sakrament der Taufe in die Kirche aufgenommen worden. Der dritte Teil der Osterliturgie trägt deshalb den Namen Tauffeier, ganz gleich, ob jemand in der Osternacht getauft wird oder nicht. Nach der Allerheiligenlitanei, in der wir die Heiligen um ihre Fürsprache bitten, folgt die Segnung des Taufwassers. Falls Taufbewerber anwesend sind, schließt sich an dieser Stelle ihre Taufe an. Wir alle erneuern unser Taufversprechen.

Es folgt wie bei jeder Messe die Eucharistiefeier.

In vielen Gemeinden bleibt man im Anschluss noch zusammen, um gemeinsam zu feiern, zu essen und zu trinken. Die Tradition, nach der Messe zu einem Mahl zusammenzukommen (= Agape), ist sehr alt, und es ist schön, wenn dazu auch heute ab und zu Gelegenheit ist. In den ersten Jahrhunderten feierten die Christen wirklich die ganze Nacht hindurch ihr größtes Fest. Vielleicht hast du auch schon einmal das Wort Ostervigil gehört. Es ist ein anderer Name für die Feier der Osternacht. Vigil bedeutet so viel wie nächtlicher Gottesdienst.

Die Osterzeit – Wir feiern 50 Tage Ostern

Die 50 Tage sind wie das Osterfest zu feiern, und sie sind alle wie ein einziger Sonntag. So etwa beschrieb Bischof Ambrosius im 4. Jahrhundert die Osterzeit. Sie ist einer der ältesten Bausteine des Kirchenjahrs und reicht von der Osternacht bis Pfingsten. Man feiert Ostern nicht nur ein oder zwei Tage oder eine Woche lang, sondern eine Woche von Wochen = 7 x 7 Tage. So groß und wichtig ist dieses Fest.

Wenn du einmal darauf achtest: Während der ganzen Osterzeit brennt in jedem Gottesdienst die Osterkerze. Nach dem Pfingstfest wird sie normalerweise nur noch bei einer Taufe oder bei einem Begräbnisgottesdienst entzündet. Da die Osterzeit ja eine fröhliche, festliche Zeit ist, wird mehr gesungen als sonst – nicht nur das Halleluja.

Am 40. Tag nach Ostern feiern wir Christi Himmelfahrt: Christus kehrt als Auferstandener zum Vater heim und sendet an Pfingsten den Heiligen Geist. Die Apostelgeschichte beschreibt, wie Gottes Geist den Christen Kraft gab, mutig ihren Glauben zu bekennen und den Menschen von Christus zu erzählen. Pfingsten ist so etwas wie der Geburtstag der Kirche.

Gottes Geist, den du ja in besonderer Weise im Sakrament der Firmung empfängst, stärkt die Kirche und will den Christinnen und Christen Mut und Kraft schenken, ihren Glauben zu bekennen und nach Jesu Vorbild zu leben.

Das Wort Pfingsten leitet sich vom griechischen »Pentekoste« ab und bedeutet so viel wie der »fünfzigste Tag«.

Nach dem Pfingstsonntag beginnt wieder die Zeit im Jahreskreis.

Die Zeit im Jahreskreis – die »grüne Zeit« im Kirchenjahr

Außerhalb des Weihnachts- und Osterfestkreises bleiben noch 33 oder 34 Wochen, die wir die »Zeit im Jahreskreis« nennen. Während dieser Zeit ist die liturgische Farbe Grün, es sei denn, die Kirche feiert ein Fest oder Hochfest. Denn auch in diese Zeit fallen natürlich eine ganze Reihe von Festen, von denen ich dir hier nur eine Auswahl nennen kann: zum Beispiel das Fest Darstellung des Herrn am 2. Februar, der Dreifaltigkeitssonntag (Sonntag nach Pfingsten) und das Fest Fronleichnam in der zweiten Woche nach Pfingsten.

Fronleichnam ist ein altdeutsches Wort und heißt »Leib des Herrn«. Man nennt es auch das »Hochfest des Leibes und Blutes Christi«. In vielen Gemeinden wird in einer feierlichen Prozession der Leib Christi durch die Straßen getragen. Die katholischen Christen zeigen damit ihre Verehrung für Christus in den

Gestalten von Brot und Wein. Die Prozession ist ein schönes Bild für das wandernde Gottesvolk, das gemeinsam auf dem Weg zu Gott ist. An Fronleichnam können sich alle Ministrantinnen und Ministranten in ihren Gewändern in die Prozession einreihen und so ihren Glauben bekennen.

Im Laufe des Jahres denken wir auch in verschiedenen Festen besonders an Maria, die Mutter Jesu. Marienfeste sind zum Beispiel das *Hochfest der Gottesmutter Maria* am 1. Januar und *Mariä Aufnahme in den Himmel* am 15. August. Daneben gibt es auch viele Feste für Heilige, das sind Menschen, die ihr Leben Gott ganz besonders zur Verfügung stellen, zum Beispiel: *Josef* am 19. März, das *Geburtsfest Johannes' des Täufers* am 24. Juni und *Petrus und Paulus* am 29. Juni.

Am 1. November feiern wir Allerheiligen. Wie der Name schon sagt, hat es etwas mit den Heiligen zu tun. Wir denken hier an alle Heiligen der Kirche, aber auch an alle lebenden und verstorbenen Christen. Durch Christus und unsere Taufe sind wir ja alle irgendwie »kleine Heilige«. So schreibt der Apostel Paulus auch in einem Brief »an die Heiligen in Korinth«. Stellt euch das einmal vor!

Deshalb denken wir an diesem Tag oder am folgenden (Allerseelen) auf dem Friedhof auch besonders an unsere Verstorbenen. Wir beten für sie, schmücken die Gräber und zünden Lich-
ter an. Es wäre schön, wenn an diesem Tag Ministrantinnen
und Ministranten beim Gebet auf dem Friedhof und der anschließenden Gräbersegnung assistieren könnten.

Der Christkönigssonntag, mit dem wir Christus als König und
Herrn unseres Lebens feiern, beschließt die Zeit im Jahreskreis
und auch das Kirchenjahr. Mit dem 1. Adventssonntag beginnt
der Weihnachtsfestkreis und ein neues Kirchenjahr.

In einer Gemeinschaft gibt es viele Aufgaben

Als du am Anfang des Buches etwas über die Messe gelesen
hast, konntest du schon viele Helferinnen und Helfer kennen-
lernen. Sie alle haben eine Aufgabe im Gottesdienst: Küster
oder Mesnerin, Pfarrer, Kaplan, Diakon, Lektorin, Kantor, Organist, Kommunionhelferin und viele mehr. Oft haben sie zusätzlich noch andere Dienste in der Gemeinde übernommen.
Und auch Pfarrer, Kaplan und Diakon haben neben ihren liturgischen Ämtern noch eine Reihe anderer Aufgaben.

Der Pfarrer leitet die Gemeinde. Er ist für die Seelsorge und für
die Sakramentenspendung verantwortlich und außerdem noch
ein wenig der »Manager« seiner Gemeinde. Dabei können ihm
Kaplan oder Diakon helfen. Eine Pastoralreferentin oder einen Gemeindereferenten hast du vielleicht schon bei deiner
Erstkommunionvorbereitung oder durch den Religionsunterricht kennengelernt. Pastoral- oder Gemeindereferenten arbeiten in vielen Bereichen der Gemeinde und der Kirche mit und
können zum Beispiel in der Kinder- und Jugendarbeit tätig sein
oder eben in der Sakramentenvorbereitung. Sie besuchen Kranke, leiten Gesprächsgruppen und wirken beim Gottesdienst mit.

Wo keine Messe gefeiert werden kann, leiten sie häufig die Wort-Gottes-Feiern, und in manchen Diözesen beerdigen sie die Verstorbenen.

Die Pfarrsekretärin oder der Pfarrsekretär leitet das Pfarrbüro und ist für die tägliche Verwaltungsarbeit der Gemeinde zuständig.

Zu den hauptamtlichen Mitarbeiterinnen und Mitarbeitern einer Pfarrei zählen auch Krankenschwestern und Krankenpfleger, Erzieherinnen, Sozialarbeiter oder Sozialpädagoginnen, Altenpfleger und alle, die in einer kirchlichen Einrichtung arbeiten.

Und natürlich gibt es auch außerhalb der Gottesdienste eine ganze Menge ehrenamtlicher Helfer in der Gemeinde.

Viele Eltern helfen bei der Erstkommunion- und Firmvorbereitung mit. Du hast es ja bei der Erstkommunion selbst erlebt. Darüber hinaus gibt es noch in jeder Gemeinde ganz besondere Gruppen, Kreise und Vereine, Kinder- und Jugendgruppen wie BDKJ, KJG, Pfadfinder – und natürlich die Ministrantengruppe, Bibelkreise, Seniorenclubs, Frauenkreise, Familiengruppen, Kolping, Predigt- und Gesprächskreise und viele andere mehr. Auch hier müssen eine Menge Leute Verantwortung übernehmen.

Der Pfarrgemeinde- oder Kirchengemeinderat wird für mehrere Jahre von den Gemeindemitgliedern gewählt. Er ist für alles zuständig, was in der Pfarrgemeinde passiert, muss vieles planen und begleiten: So muss er zum Beispiel überlegen, wie die Kinder und Jugendlichen am besten auf Erstkommunion und Firmung vorbereitet werden, wer die neu zugezogenen Gemeindemitglieder besucht, wie man helfen kann, wenn Menschen in Not geraten sind. Er macht sich Gedanken über die Vorbereitung von besonderen Gottesdiensten oder wie das Pfarrfest am schönsten wird und vieles mehr.

Der Verwaltungsrat oder die Kirchenverwaltung trifft Entscheidungen in allen Geld- und Vermögensfragen, die in irgendeiner Weise die Pfarrei betreffen.

Du siehst, damit alles Notwendige, Wichtige, aber auch Schöne in einer Pfarrei getan werden kann, müssen viele bereit sein mitzumachen.

In der Bibel steht ein wunderschöner Satz: »Lasst euch als lebendige Steine zu einem geistigen Haus aufbauen ...« Die Kirche, so hast du gehört, sind ja in erster Linie die vielen Menschen, die an Christus glauben. So wie das Kirchengebäude in eurer Stadt aus vielen Steinen errichtet wurde, so ist die Kirche eine Gemeinschaft aus vielen Menschen. Petrus nennt sie »lebendige Steine«. Und: Jeder Stein ist wichtig, um ein festes und stabiles Gebäude zu errichten.

Eine Geschichte erzählt: Ein Christ träumte, die Engel trügen ihn schon in die Ewigkeit zu einer herrlichen Kathedrale. Staunend besah er sich das wunderbare Bauwerk, bis er eine hässliche Lücke entdeckte. Da fehlte ein Stein! Der Engel erklärte: »Diese Lücke ist durch dich entstanden. Du hattest immer andere Dinge im Kopf, sodass du nicht dazu kamst, diese kleine Stelle auszufüllen.«

Schön, dass du als Ministrantin oder als Ministrant in dieser Gemeinschaft mitarbeitest.

Damit du findest, was du suchst

Stichwortverzeichnis und Worterklärungen

Wenn du einmal nicht genau weißt, was ein bestimmtes Wort bedeutet, oder wenn du noch Genaueres nachlesen möchtest, schau hier nach. Du findest eine Menge Wörter erklärt, die dir bei deinem Dienst begegnen können. Außerdem siehst du, auf welcher Seite du in diesem Buch noch mehr darüber lesen kannst.

Apostelkreuze: zwölf Kreuze, an die Weihe der Kirche und an die Apostel als »tragende Säulen« der Kirche erinnernd; Stelle, an der die Kirche mit Chrisam gesalbt wird   15

Apostelleuchter: zwölf Leuchter an den Innenwänden einer Kirche, über den Apostelkreuzen   15

Aschermittwoch: erster Tag der Fastenzeit (Austeilung des Aschenkreuzes)   87–88

Aspergill: Weihwasserwedel, Weihwassersprenger   48

Ave Maria: lat. Name für das Gebet »Gegrüßet seist du, Maria ...«   63

AT = Abkürzung für Altes Testament

Baldachin: Traghimmel über dem Allerheiligsten bei der Prozession

Begräbnisfeier   76–79

Beichte, siehe: *Bußsakrament*

Benedictus: a) zweiter Teil des Sanctus; b) Lobgesang des Zacharias in der Laudes (kirchliches Morgengebet)

Benediktion: Segnung (lat. benedicere = segnen)

Benediktionale: liturgisches Buch mit Gebeten für Segnungen und Weihen   59

Bischof: Nachfolger der Apostel, leitet eine Diözese oder ein Bistum   74

Bibel   30

Bistum oder Diözese: Verantwortungsbereich eines Bischofs

Bitttage: Tage, an denen Bittgebete und (Flur-)Prozessionen abgehalten werden, heute vor allem vor Christi Himmelfahrt

Blasiussegen: Besonderer Segen zur Fürbitte für Gesundheit mit zwei gekreuzten Kerzen am Gedenktag des hl. Blasius (3.2.), wird auch am Vorabend (Darstellung des Herrn) gespendet

Brot   24

Brotbrechung   33, 38

Burse/Bursa: (lat. = Beutel) Etui für das Korporale oder für die Krankenkommunion

Bußgottesdienst   63

Bußsakrament   72

Gregorianischer Choral: liturgischer einstimmiger Gesang (benannt nach Gregor d. Gr.)

Grün 54, 93

Gründonnerstag 89–90

Halleluja, siehe: *Alleluja*

Händefalten 42

Händewaschung 32, 36

Handtuch, siehe: *Lavabotuch*

Heilig, heilig, heilig, siehe: *Sanctus*

Heilige 14, 94

Heiliger Geist 70–71, 93

Herr, erbarme dich, siehe: *Kyrie*

Hochgebet: großes Lob- und Dankgebet, Höhepunkt der Eucharistiefeier, von der Präfation bis zur Doxologie »Durch ihn und mit ihm ...« 32, 36–37

Homilie: Auslegung von Lesung und Evangelium in der Predigt 31, 36

Hostie, siehe auch: *Brot*

Hostienschale 46

Hymnus: an den Psalmengesang angelehntes Lied

Inzensieren: beweihräuchern 17–18

Kantor/Kantorin: Vorsänger/Vorsängerin 23

Kaplan 95

Karfreitag 90–91

Karwoche: (lat. kara = Trauer) auch Heilige Woche, Woche vor Ostern mit Palmsonntag, Gründonnerstag, Karfreitag und Karsamstag 88–91

Kasel, siehe: *Casel*

Katechumenenöl: heiliges Öl, wird in Zusammenhang mit der Taufe verwendet 49, 69

Kelch 46

Laetare: (lat.:) »Freue dich«, vierter Sonntag in der österlichen Bußzeit

Lamm Gottes, siehe: *Agnus Dei*

Laudes: Morgengebet der Kirche   60

Lavabo: Händewaschung   46–47

Lavabotuch: kleines Handtuch für die Händewaschung   17, 36, 46

Lektionar: liturgisches Buch mit Lesungen, Antwortgesängen, Hallelujaversen und Evangelien   57

Lektor/Lektorin: Vorleser/Vorleserin der Lesung, eventuell auch des
  Antwortpsalms und der Fürbitten   23

Lesung   30, 35–36, 57

Leuchter   17

Lunula: (lat. Möndchen) mondsichelförmiges Gerät zum Halten der
  Hostie in der Monstranz   49

Magnificat: Lobgesang Mariens; Höhepunkt der Vesper   61

Maiandacht   62–63

Maria   14, 62–63, 94

Marienfeste   94

Märtyrer   54, 87

Mesner, siehe: *Sakristan*

Messbuch   56–57

Messdienergewänder   50–51

Messe   19–38

Messgewand   51–52

Mette: Nachtgottesdienst, besonders an Weihnachten

Missale: Messbuch   56–57

Mitra: liturgische Kopfbedeckung des Bischofs

Monstranz: Zeigegerät oder Schaugefäß für das eucharistische Brot
  (auch für Reliquien)   49, 61–62

Navikula: Schiffchen (lat. navicula) mit Weihrauchkörnern   17–18

Navikular: Ministrant/Ministrantin, der/die den Dienst mit dem
  »Schiffchen« ausübt   17–18

104

Lösungen der Rätsel

Weißt du Bescheid? (S. 20–21)

<pre>
          WEIN
    VATERUNS**E**R
      EVANGEL**I**UM
        KELC**H**
         KY**R**IE
       GLORI**A**
        AGN**US** DEI
HAENDEWAS**C**HUNG
         EUC**H**ARISTIEFEIER
            FUERBITTEN
           G**A**BENBEREITUNG
   WORTGOTTE**S**DIENST
      SANCTU**S**
</pre>

Da fehlt etwas! (S. 38–39)
1. Herr … Geiste (an verschiedenen Stellen der Messfeier, z.B. zu Beginn des Gottesdienstes, vor dem Evangelium)
2. Wort (nach der Lesung)
3. Evangelium (= Einleitung zum Evangelium)
4. Frieden (= Entlassung)
5. bekenne (= Schuldbekenntnis)
6. Tod … Auferstehung … (nach den Wandlungsworten als Ruf der Gemeinde auf: »Geheimnis des Glaubens«)
7. … Gott (= Gloria)
8. glaube … (= Glaubensbekenntnis)
9. … Herrn (zu Beginn des Eucharistischen Hochgebetes)
10. Lob … (= Antwort der Gemeinde nach dem Evangelium)
11. Lamm … (= Agnus Dei)
12. segne … (= Schlusssegen)

**Weißt du Bescheid über liturgische Geräte,
Gewänder und ihre Farben?** (S. 54–56)

1. a,b,c
2. b, c
3. a
4. a
5. a, c, d
6. a, b
7. a, b
8. a, b, c
9. a, b

**Weißt du Bescheid? – Bekannte Feste und Zeiten
im Kirchenjahr** (S. 81–83)

P**F**INGSTEN
KARF**R**EITAG
OSTERN
PALMSO**N**NTAG
AL**L**ERHEILIGEN
ADV**E**NT
FASTENZE**IT**
AS**C**HERMITTWOCH
WEI**H**NACHTEN
GRUENDO**N**NERSTAG
SONNT**AG**
CHRISTI HI**M**MELFAHRT

Abbildungen

Zeichnungen: S. 51 und 80: Josefa Oehm
Alle übrigen Illustrationen: Cornelia Kurtz
Fotos: Anneliese Hück

Die Autorin dieses Buches

Anneliese Hück arbeitet als Lektorin in einem Verlag und wohnt in Hochheim am Main.
Sie hat bereits mehrere Bücher für Ministranten geschrieben sowie ein Buch für Küster oder Mesnerinnen mit dem Titel: »Nicht nur Glockenläuten. Handbuch für den Dienst in Sakristei und Kirchenraum«.